Jens Hoffmann

Menschen entschlüsseln

Jens Hoffmann

Menschen entschlüsseln

Ein Kriminalpsychologe erklärt,
wie man spezielle Analyse- und
Profilingtechniken im Alltag nutzt

Bibliografische Information der Deutschen Nationalbibliothek
Die Deutsche Nationalbibliothek verzeichnet diese Publikation in der Deutschen Nationalbibliografie. Detaillierte bibliografische Daten sind im Internet über https://dnb.de abrufbar.

Für Fragen und Anregungen:
info@m-vg.de

8. Auflage 2024

© 2015 by mvg Verlag, ein Imprint der Münchner Verlagsgruppe GmbH
Nymphenburger Straße 86
D-80636 München
Tel.: 089 651285-0

Alle Rechte, insbesondere das Recht der Vervielfältigung und Verbreitung sowie der Übersetzung, vorbehalten. Kein Teil des Werkes darf in irgendeiner Form (durch Fotokopie, Mikrofilm oder ein anderes Verfahren) ohne schriftliche Genehmigung des Verlages reproduziert oder unter Verwendung elektronischer Systeme gespeichert, verarbeitet, vervielfältigt oder verbreitet werden. Wir behalten uns die Nutzung unserer Inhalte für Text und Data Mining im Sinne von § 44b UrhG ausdrücklich vor.

Redaktion: Antje Steinhäuser
Umschlaggestaltung: Laura Osswald
Umschlagabbildung: Shutterstock
Bildbearbeitung: Pamela Machleidt
Satz: Carsten Klein, München
Druck: CPI books GmbH, Leck
Printed in Germany

ISBN Print 978-3-86882-564-0
ISBN E-Book (PDF) 978-3-86415-738-7
ISBN E-Book (EPUB, Mobi) 978-3-86415-739-4

Weitere Informationen zum Verlag finden Sie unter

www.mvg-verlag.de

Beachten Sie auch unsere weiteren Verlage unter www.m-vg.de

In Erinnerung und in Liebe an meinen Vater Michael Hoffmann, der kurz vor der Veröffentlichung dieses Buches ganz unerwartet starb.

Ich bin ihm sehr dankbar, dass er mich von Anfang an in der Wahl meines ungewöhnlichen Berufs unterstützte, an mich glaubte und mich immer ermunterte, komplizierte Dinge einfach auszudrücken.

Inhaltsverzeichnis

Vorwort 9

Kriminalpsychologie:
Die Frage nach der Motivation des Menschen
Warum der Vampir von Düsseldorf und ein Diktator taten,
was sie taten 12

Persönlichkeitsstile:
Was Persönlichkeit ist
Warum Psychopathen einfach dazugehören 23

Profiling:
Weit mehr als Täterprofile
Was Worte über uns sagen und Facebook über uns verrät 32

Narzissmus:
Ich bin ein Star
Grandiosität bis zum Schluss und warum Gerhard Schröder
eigentlich immer noch Kanzler ist 37

Integrität:
Was uns Grenzen überschreiten lässt
In Sachen zu Guttenberg und Middelhoff 47

Psychopathie:
Gefühlskälte und Dominanz
Wenn Machtgier das Herz ersetzt 59

Manipulationen erkennen:
Die Beeinflussung des Menschen
Warum wir geben wollen, wenn uns etwas gegeben wird,
und wie andere genau das ausnutzen 73

Die dramatische Persönlichkeit:
Aufmerksamkeit ist alles
Was Karl May mit Harald Glööckler verbindet 89

Psychologie des Betrügers:
Stufen einer Pyramide
Was uns für Mondraketen zahlen lässt 97

Die wachsame Persönlichkeit:
Sicherheit durch Kontrolle
Warum Angela Merkel so wenig von sich preisgibt 105

Die querulatorische Persönlichkeit:
Aus Wut am Scheitern
Wenn Hartnäckigkeit zu einem Problem wird 110

Die strukturliebende Persönlichkeit:
Sicherheit durch Struktur
Wo die Grenze zwischen detailverliebt und zwanghaft liegt 118

Lügenerkennung:
Der Heilige Gral der Kriminalpsychologie
Was micro expressions, Worte und Körperhaltung verraten 123

Die passiv-aggressive Persönlichkeit:
Der verdeckte Widerstand
Wenn Zuspätkommen zur Protesthaltung wird 136

Aggression: Zwischen kalter
Wut und heißer Wut
Wie urzeitliche Verhaltensmuster uns bis heute prägen 140

Der Bosstyp:
Die Dominanz des Rudelführers
Warum ein Wladimir Putin Stärke respektiert und Schwäche verachtet 157

Böse Chefs:
Der Aufstieg von Psychopathen in Führungsetagen
Karriere mit Charisma statt Können 164

Die anhängliche Persönlichkeit – Schwäche mit Stärken
Warum Abhängigkeit von anderen auch Vorzüge haben kann 175

Fazit 183

Quellen 187

Danksagung 199

Über den Autor 201

Vorwort

Auf unserem Planeten leben mehr als sieben Milliarden Menschen, und es werden täglich mehr. Doch das Verhalten all dieser Frauen, Männer und Kinder wird bestimmt durch nicht mehr als 15 Persönlichkeitsstile, von denen jeder Mensch wiederum meist gerade einmal zwei dieser Stile in einer markanten und für ihn charakteristischen Ausprägung zeigt. Diese Stile prägen, wie eine Person denkt, fühlt und wie sie handelt. Sie entscheiden damit auch, ob jemand ohne Rücksicht auf andere seine Ziele verfolgt, ob er eher vorsichtig und wachsam durch sein Leben geht oder ob er vielleicht Probleme mit Autoritäten hat.

Von diesen Stilen gibt es einerseits also eine überschaubare Anzahl, andererseits sind sie sehr komplex und daher häufig schwer zu erkennen. Für mich besonders faszinierend ist die Tatsache, dass das Wissen über diese Persönlichkeitsstile teils schon Jahrtausende alt ist. Daher ist dieses Wissen sehr umfangreich – nur wurde lange behauptet, es hätte allein für Psychiater einen Wert. Und zwar, um Menschen zu diagnostizieren und dann zu behandeln, die tatsächlich psychisch krank sind.

Tatsächlich aber umfasst diese Charakterologie, wie sie auch genannt wird, einen großen Reichtum an fundierten Erkenntnissen, den wir alle nutzen können. Es wird uns dadurch möglich, andere Menschen besser und vorurteilsfreier einzuschätzen sowie uns selbst besser kennenzulernen. Das ist meiner Überzeugung nach hilfreich für eine große Zahl von Menschen, im beruflichen wie im privaten Umgang.

Ich bin außerdem davon überzeugt, dass die Zeit wieder gekommen ist, dieses Wissen besser zu nutzen. Viel zu lange waren wir dominiert von Statistik und formalen Modellen, wenn es um die Erforschung der Persönlichkeit ging. An diesem Punkt kommt nun die Kriminalpsychologie ins Spiel. Sie hat gerade in jüngerer Zeit nach einem längeren Schlaf wieder deutlich an Bedeutung gewonnen, und sie hat inzwischen auch erneut viel Praxiserfahrung sammeln können. Gesprochen wird über Kriminalpsychologie häufig nur in Zusammenhang mit Mord oder Totschlag. Doch sie beschäftigt sich gerade in jüngerer Zeit verstärkt mit Themen wie Manipulation oder Betrug, zudem sucht die Kriminalpsychologie immer auch in anderen Bereichen der Psychologie nach Strategien und Erkenntnissen, die sie nutzen kann.

Ich selbst beschäftige mich seit mehr als 15 Jahren mit diesem Bereich, und ich konnte in dieser Zeit eine große Menge an handfestem Wissen sammeln. Als Kriminalpsychologe brauche ich viel von dieser Erfahrung – gleichermaßen lässt sich dieses Wissen aber auch weitergeben. Ich frage mich daher immer wieder, was ich anderen Berufsgruppen auf Basis meiner Erfahrungen und der Kriminalpsychologie vermitteln kann, was davon für einzelne Menschen oder ganze Unternehmen Bedeutung haben könnte.

Vor diesem Hintergrund ist die Grundidee für dieses Buch entstanden. Ich weiß durch meine Arbeit, dass für eine Persönlichkeitsanalyse ein sehr großer Erfahrungsschatz benötigt wird. Man darf sie zudem nicht überhastet angehen und so vielleicht vorschnell eine Hypothese aufstellen, die einen Menschen in eine falsche Schublade steckt. Menschen zu entschlüsseln ist eine komplexe Angelegenheit. Gleichzeitig möchte ich doch mein Wissen über die Persönlichkeitsstile sowie das Erkennen beziehungsweise Beurteilen solcher Stile weitergeben – denn es ist für jeden Menschen von großem Wert. Wir können auf diese Weise vielleicht besser verstehen, warum sich ein Kollege so verhält, wie er sich verhält. Oder warum ein Freund auf eine bestimmte Situation so vollkommen anders reagiert als man selbst. Warum es in der Partnerschaft immer wieder einmal zu problematischen

Vorwort

Momenten kommen kann, deren Ursache nur scheinbar im Dunkeln liegt.

In den folgenden Kapiteln werde ich daher auf einige besonders interessante Persönlichkeitsstile intensiver eingehen. Ich werde erläutern, warum wir Psychopathen nicht nur hinter Gittern, sondern immer wieder auch in Vorstandsetagen finden – und wie wir am besten mit solchen Menschen umgehen. Der narzisstische Persönlichkeitsstil wird erklärt und im Rahmen der Möglichkeiten dieses Buches analysiert. Dies versuche ich ebenfalls mit weniger auffälligen Persönlichkeiten, wie etwa dem passiv-aggressiven Menschen, der uns das Leben schwer machen kann, gerade weil wir ihn so schwer erkennen. Es wird außerdem darum gehen, was eine wachsame Persönlichkeit wie die deutsche Bundeskanzlerin Angela Merkel von einem Bosstypen wie Wladimir Putin unterscheidet. Zusätzlich werde ich weitere Themen behandeln, die eng mit den Persönlichkeitsstilen und deren Erkennen zusammenhängen. Dabei wird es um Lügen, Betrug, Manipulation von Menschen und um Integrität gehen.

Vielleicht werden am Ende dieses Buches viele Leser ihr Umfeld in einem etwas anderen Licht sehen, mit einem verbesserten Verständnis für andere Menschen und sich selbst. Sie werden Wissen mit auf den Weg bekommen, welches ihnen am Arbeitsplatz eine Hilfe sein wird. Und sie werden Bücher von Karl May in gewisser Hinsicht ebenso anders lesen, wie sie die Person eines Oskar Schindler neu bewerten.

Kriminalpsychologie: Die Frage nach der Motivation des Menschen

Warum der Vampir von Düsseldorf und ein Diktator taten, was sie taten

Beginnen möchte ich mit einer Enttäuschung für diejenigen, die bei dem Begriff Kriminalpsychologe automatisch an einen Profiler denken: Letzterer ist durch Filme und Bücher zu einer fast schon mythischen Gestalt stilisiert worden – nur gibt es ihn in der Form so nicht. Selbst beim amerikanischen FBI mag und verwendet man den Begriff des Profilers nicht, da dadurch die hoch qualifizierte und methodische Arbeit dieser Profession trivialisiert wird. Das FBI spricht hier von einer Behavioral Analysis Unit, auf Deutsch Verhaltensanalyseeinheit. Was es in Deutschland tatsächlich gibt, das ist die operative Fallanalyse und damit eine Methode zur Erstellung eines Täterprofils, was wiederum grob gesagt dem entspricht, was viele Menschen unter Profiling verstehen.

Aber fangen wir vorne an, und zwar mit der Frage, was Kriminalpsychologie eigentlich ist und was sie tut. Grundsätzlich beschäftigt sich die Kriminalpsychologie mit kriminellem Verhalten und der Motivation von Menschen, dies an den Tag zu legen. Das macht sie nicht erst seit Kurzem, sondern sie hat damit schon vor langer Zeit begonnen. Interessanterweise hat die Kriminalpsychologie eine sehr reichhaltige Geschichte, die bereits im späten 19. Jahrhundert ihre Wurzeln hat. Damals schon gab es großartige Fallbeschreibungen, darunter solche von Menschen, die wir heute als

Kriminalpsychologie: Die Frage nach der Motivation des Menschen

Prominenten-Stalker bezeichnen würden. Verfasst wurden sie von dem Psychiater Richard von Krafft-Ebing, der von Frauen berichtete, die zu damaliger Zeit Schausteller und Sänger verehrten und mit Liebesbriefen überschütteten. In dieser Zeit entstand bereits eine sehr lebendige Form von angewandter Kriminalpsychologie. Erarbeitet wurde sie von Fachleuten, die über ein sehr feines Verständnis solcher Persönlichkeiten verfügten.

In der ersten Hälfte des 20. Jahrhunderts arbeiteten einige Kriminalkommissare ebenfalls bereits mit Methoden, die auf kriminalpsychologischen Überlegungen beruhten, indem sie Täterprofile erstellten. Ein berühmt gewordenes Beispiel dafür ist der Fall des sogenannten Vampirs von Düsseldorf: Dessen Spitzname beruhte darauf, dass der Täter nach seiner Ergreifung erzählte, er habe einem Schwanenküken den Hals durchgeschnitten und das Blut des sterbenden Tieres getrunken. Vor allem aber tötete er zwischen 1929 und 1930 sieben Frauen und einen Mann, beging außerdem 30 Überfälle – meist ebenfalls in der Absicht, einen Menschen zu ermorden. Die Brutalität der Taten sorgte sogar international für Aufmerksamkeit und machte weltweit Schlagzeilen. In Düsseldorf breitete sich während der lange Zeit erfolglosen Tätersuche zudem eine regelrechte Hysterie aus.

Die erstellte Beschreibung des später als Peter Kürten identifizierten Täters stellte nicht weniger als das erste bekannte Täterprofil der deutschen Kriminalgeschichte dar.

Am 8. April 1930 wurde dieses Charakterbild des Vampirs von Düsseldorf in einer Sonderausgabe des *Deutschen Kriminalpolizei-Blattes* veröffentlicht. Kriminaldirektor W. Gacy legte auf 30 Seiten die Tatzusammenhänge ausführlich dar, ergänzt wurde dies durch Hypothesen über den möglichen Beruf des Mörders, seine kommunikativen Fähigkeiten oder auch seine Vorstrafen. Gacy beschrieb Peter Kürten als eine vermutlich hochintelligente Person, die sadistische Neigungen habe, auf ihre Mitmenschen aber durchaus gutherzig und nett wirke. Die gesamte Beschreibung und der Aufbau ähnelten bereits in den Grundzügen aktuellen Täterprofilen. Vor allem aber zeigte sich nach der Ergreifung Kürtens, dass sich tatsächlich Übereinstimmungen zwischen der Theorie und der Person finden ließen, für die erstmals überhaupt der Begriff des Serienmörders genutzt wurde. Dieser Fall war sozusagen der historische Beginn der Kriminalpsychologie.

Doch so vielversprechend das alles war, es ging schon wenige Jahre nach Peter Kürtens Hinrichtung im Juli 1931 mit dem Zweiten Weltkrieg wieder verloren. Danach gab es einen großen und bedauernswerten Wandel, weil die Idee des »wissenschaftlichen Verstehenwollens« beendet und ersetzt wurde durch eine einseitige Form des Erkenntnisgewinns, die besagt: Wissenschaft ist allein das, was wir zählen oder messen und was wir in statistischen Werten ausdrücken können.

Dies führte dazu, dass die Kriminalpsychologie erst einmal fast ein halbes Jahrhundert vom Erdboden verschwand. Die lange und reichhaltige Tradition kriminalpsychologischer Herangehensweisen wurde als unwissenschaftlich abqualifiziert, weil hier eben keine Statistiken oder Zahlen die Basis bildeten.

Heute wird der Begriff Profiling bekanntlich wieder sehr häufig verwendet, wenn es um das Entlarven von Straftätern beziehungsweise um deren Persönlichkeitsprofile geht. Das wiederum führt zu der Frage: Was bedeutet Profiling eigentlich wirklich? Tatsächlich hat das Profiling zwei Bedeutungen. Einmal ist Profiling die Ermittlung beziehungsweise Feststellung der Identität eines Täters, den man nicht kennt, und zwar aufgrund der Analyse des Verhaltens am Tatort. Man fragt sich also, was dort geschehen ist, und man rekonstruiert dieses Verhalten sehr ausführlich. Dabei geht es um eine ganze Reihe unterschiedlicher Faktoren beziehungsweise Fragen: Wie hat der Täter sein Opfer ausgesucht? Hat er dies vorbereitet und geplant gemacht? Hat er dem Opfer am Tatort aufgelauert, oder ist die Tat aus der Situation heraus geschehen? Wie hat er bei einem Sexual- oder Gewaltdelikt die Kontrolle über sein Opfer behalten? Wie impulsiv ist er in der Tatausführung gewesen?

Dieses Täterverhalten wird erst einmal sehr akribisch rekonstruiert und bildet am Ende dann die Grundlage für Ableitungen – für Hypothesen also, die helfen können, den Täter schließlich zu ermitteln. Insgesamt ist also Profiling oder korrekt ausgedrückt die operative Fallanalyse eine sehr pragmatische und damit sachbezogene Ermittlungsstrategie. Man fragt sich beispielsweise, wo der Täter wohnen könnte, ob Vorstrafen vorliegen und wenn ja welche, oder wo er eventuell schon einmal auffällig geworden sein könnte. Insgesamt versucht Profiling auf diese Weise, sehr konkrete Ermittlungshinweise zu geben. Das ist die eine Richtung des Profiling, die schon vor langer Zeit genutzt wurde, die aber nach dem Zweiten Weltkrieg erst in den Siebzigerjahren beim FBI in den Vereinigten Staaten wieder aufgenommen wurde. In den Neunzigerjahren wurde die Methodik in Europa unter anderem vom deutschen Bundeskriminalamt und von Polizeiexperten einzelner Bundesländer weiterentwickelt.

Eine andere Facette des Profiling ist das Persönlichkeits-Profiling. Dabei geht es um die psychologische Einschätzung einer Person. Und es muss sich hier nicht immer um Straftäter handeln. Manchmal geht es dabei auch um die Einschätzung einer bekannten Persönlichkeit, etwa die eines Politikers. Die auf diese Weise gewonnenen Erkenntnisse werden dann beispielsweise bei Verhandlungsführungen eingesetzt. Zudem kann das erlangte Wissen bei der Bekämpfung von Wirtschaftskriminalität von Nutzen sein. Gefordert wird in so einem Fall etwa eine Einschätzung des Persönlichkeitsstils dieses Menschen und eine Prognose, wie er sich im weiteren Verlauf verhalten wird, was also noch geschehen könnte.

Dieses Vorgehen wird auch als Distant Profiling bezeichnet oder als indirektes Persönlichkeits-Assessment. Hierzu gibt es ein klassisches Beispiel aus der Zeit des Zweiten Weltkriegs, also ausgerechnet jener Zeit, in der die Kriminalpsychologie ja eigentlich vom Radarschirm verschwunden war. Damals arbeitete in den Vereinigten Staaten die Vorgängerorganisation der heutigen CIA unter der

Menschen entschlüsseln

Bezeichnung Office of Strategic Services (OSS) – übersetzt also Amt für strategische Dienste. Es handelte sich dabei um einen Nachrichtendienst des Kriegsministeriums, der unter anderem für psychologische Kriegsführung und für die Beschaffung von Informationen zuständig war. Eines der großen Themen des OSS während des Zweiten Weltkriegs war: Man wollte wissen, wie die militärische Führung des sogenannten Dritten Reichs weiter vorgehen würde – und vor allem, wie sich Adolf Hitler weiter verhalten würde. Daher beauftragte das OSS den amerikanischen Psychoanalytiker Walter C. Langer mit einer psychologischen Studie über den Diktator. Langer begann damit mit einem Team im Frühjahr 1943 und befragte für das Distant Profiling Menschen, die zwar inzwischen in Kanada oder den USA lebten, die Hitler aber aus der Vergangenheit persönlich kannten. Auf diese Weise konnte man Beschreibungen Hitlers und zudem Berichte über ihn sammeln. Diese zusammengetragenen Informationen wurden dann ausgewertet von einem Team aus Psychologen und Psychoanalytikern. Am Ende entstand so im Auftrag des US-Geheimdienstes ein Profil des Diktators, das erklären sollte, wie dieser sich weiter verhalten würde, worin seine Motivation lag – und was passieren könnte, wenn die sich bereits abzeichnende militärische Niederlage Deutschlands wirklich eintrat.

Betrachtet man sich dieses Profil heute, sieht man einerseits, dass dort zwar noch eher altmodische psychoanalytische Konzepte eingesetzt werden, die wir heute in dieser Form nicht mehr verwenden. Andererseits ist dieses Profil vor dem Hintergrund unseres inzwischen erlangten Wissens erstaunlich präzise und immer noch sehr lesenswert. Unter Zeitdruck arbeitete das Team bis zum Herbst des Jahres 1943 das Profil eines Mannes aus, der sich selbst für die größte Führungsperson in Deutschland seit Jahrhunderten hielt und sich sogar auf eine Stufe mit Jesus Christus stellte. Gleichermaßen arbeitete Langer heraus, dass Hitler zwar in der Öffentlichkeit an seinem geradezu messianischen Selbstbild arbeitete, tatsächlich aber auch an einer inneren Leere litt. Der wichtigste Teil des Persönlichkeitsprofils fand sich in dem vorgelegten Bericht unter der Überschrift »Hitler, His Probable Behavior in the Future«. Denn gerade wie Hitler sich im weiteren Verlauf des Kriegs verhalten würde, wollte man ja herausfinden. Die Analytiker kamen zu dem Schluss, dass bei einer drohenden Niederlage der Deutschen eine hohe Wahrscheinlichkeit bestand, dass der »Führer« Suizid begehen würde, was ja bekanntlich tatsächlich geschah.

Die Analyse blieb Jahrzehnte unter Verschluss, doch spätestens als sie 1972 unter dem Titel *The Mind of Adolf Hitler* veröffentlicht wurde, führten die darin enthaltenen Ergebnisse gerade in den USA zu Überlegungen, in welcher Form man die Möglichkeiten des Distant Profiling weiter nutzen könnte und sollte. Diese Überlegungen mündeten darin, dass noch in den Siebzigerjahren eine spezielle Expertengruppe gegründet wurde, die man beim CIA ansiedelte. In dieser Einheit waren Psychiater und Psychologen im Auftrag der amerikanischen Regierung damit beschäftigt, ausländische Politiker oder auch Terroristen und deren Verhalten einzuschätzen. Dies geschah immer vor dem Hintergrund der erstellten Persönlichkeitsprofile. Dabei ging es unter anderem um Fragen, wie sich bestimmte Personen eventuell beeinflussen lassen, was man in Verhandlungen mit ihnen oder in politischen Auseinandersetzungen von ihnen zu erwarten hat. Diese Abteilung berät seit ihrer Gründung die Regierung über Alliierte ebenso wie über politische Gegner – und sie wird nach allem, was wir über sie wissen, sehr rege genutzt.

Ein klassisches Beispiel für die Arbeit und für die Fähigkeiten dieser Abteilung stellt ein Ereignis aus dem Jahr 1978 dar: Damals wurde in Camp David, dem Landsitz des amerikanischen Präsidenten, über einen Friedensvertrag zwischen Ägypten und Israel verhandelt. US-Präsident Jimmy Carter hatte es geschafft, den ägyptischen Präsidenten Anwar as-Sadat und den israelischen Ministerpräsidenten Menachem Begin an einen Tisch zu bringen. Die Idee bestand darin, in Camp David einen historischen Vertrag zwischen Ägypten und Israel auszuhandeln, um den damals schon seit Langem schwelenden Nahostkonflikt zu beenden oder zumindest zu beruhigen. Dass sowohl Sadat als auch Begin tatsächlich nach Camp David kamen, galt an sich schon als ein diplomatischer Meilenstein. Doch die bevorstehenden Verhandlungen standen noch vor einem weiteren Problem: Sadat und Begin waren zwei sehr verschiedene Menschen. Beide verfolgten zudem sehr unterschiedliche Ziele, die wiederum von ihrer jeweiligen Persönlichkeit mit geprägt waren.

Ägyptens Präsident Sadat galt als sehr narzisstische Persönlichkeit – ihm lag daher nicht allein an erfolgreichen Verhandlungen, sondern vor allem daran, dass er damit Geschichte schreiben würde. Er wollte sich in den Geschichtsbüchern verewigt sehen und von der Weltöffentlichkeit beklatscht werden. Details auf dem Weg dahin waren ihm dagegen mehr oder weniger egal. Man sagte Sadat sogar einen »Nobelpreiskomplex« nach: Er wollte international geachtet und schließlich für die Friedensverhandlungen mit einem Nobelpreis geehrt werden.

Menachem Begin war im Grunde das genaue Gegenteil: Er war sehr auf Details versessen und strukturliebend, das Kleine war ihm wichtig. Dazu war er sehr wachsam und misstrauisch. Für die Verhandlungen stellten diese gegensätzlichen Persönlichkeiten ein klares Problem dar: Steht auf der einen Seite jemand, der jedes Detail berücksichtigt und alles klein-klein betrachtet, auf der anderen Seite aber jemand, dem diese Details völlig egal sind und dem es nur um das große Ganze geht, dann ist die Wahrscheinlichkeit sehr groß, dass diese beiden Personen vollkommen aneinander vorbeireden.

Daher begleitete das von Jimmy Carter schon im Vorfeld zusammengestellte Distant-Profiling-Team die Verhandlungen und analysierte das Verhalten beider Parteien während ihres Aufenthalts in Camp David. Dass die Gespräche in Camp David am Ende tatsächlich zu einem Erfolg wurden, war nicht zuletzt auf diesen Umstand zurückzuführen.

Kriminalpsychologie: Die Frage nach der Motivation des Menschen

Denn als die Verhandlungen ins Stocken gerieten, konnte der US-Präsident einen Durchbruch zur Fortführung vor allem dadurch erzielen, dass er aufgrund der Analysen über die gegensätzlichen Persönlichkeiten von Sadat und Beginn informiert war. So nutzte Carter einen psychologischen Trick, als er Menachem Begin ansprach. Er sagte dem israelischen Ministerpräsident, dass sein ägyptischer Verhandlungspartner sich sorge, man würde womöglich das große Ganze aus den Augen verlieren, falls man sich mit zu vielen Details befasse. Begin habe darauf geantwortet, er sei sehr wohl imstande, auf das größere Ganze zu blicken, die Klärung von Details könne man durchaus den Unterhändlern beider Delegationen überlassen. Nach zwölf Verhandlungstagen konnten dann Ergebnisse präsentiert werden, die im Jahr 1979 zur Unterzeichnung eines Friedensvertrags führten. Noch im selben Jahr wurde Anwar as-Sadat tatsächlich mit dem Friedensnobelpreis ausgezeichnet – ebenso wie Menachem Begin.

Ungefähr zur gleichen Zeit, in der Distant Profiling einen historischen Friedensvertrag mit ermöglichte, ist die kriminalistische Täterprofilerstellung erneut in Erscheinung getreten und wurde sozusagen wiederentdeckt. Im Mittelpunkt stand dabei das amerikanische FBI. Dort gab es eine Gruppe von Mitarbeitern, die, allein wegen der schieren Größe der USA, vor dem Problem standen, dass sich bei einigen Taten – darunter Serienmorde – keine weiteren Ermittlungsansätze mehr fanden. Die Frage lautete, wie man solche Taten doch noch aufklären und womöglich weitere Verbrechen verhindern könnte. Daher begann man damit, anhand der vorliegenden Akten die mutmaßlichen Täter und ihre Taten zu analysieren. Außerdem wurden Gespräche mit bereits gefassten Tätern geführt. Auf Basis der so gewonnenen Erkenntnisse entwickelte man ein erstes Täterprofil-Programm, das zunächst vor allem Mordermittlungen unterstützen und auf die Spur des Täters führen sollte.

Eine interessante Unterscheidung, die von den FBI-Experten schon damals gemacht wurde, ist die zwischen der Handschrift oder Signatur des Täters auf der einen Seite und dem Modus Operandi auf der anderen, also dem tatsächlichen Vorgehen während der Tat. Dahinter verbarg sich folgende Idee: Begehe ich eine Tat wie einen Mord, muss ich bestimmte pragmatische Schritte machen. Ich muss ein Opfer auswählen, ich muss das Opfer überwältigen, ich werde dann ein bestimmtes Tatverhalten an den Tag legen, und am Ende muss ich womöglich die Leiche beseitigen. Das trifft jedoch nicht nur auf Morde, sondern in abgewandelter Form gleichermaßen auf andere Delikte wie etwa Einbrüche, Sabotageakte und Anschläge zu. Insgesamt ist dies die Seite einer Tat, die als Modus Operandi bezeichnet wird. Im Laufe einer kriminellen Karriere kann sich dieser Modus Operandi verändern: Zumindest ein Teil der Kriminellen lernt dazu und entwickelt seine Vorgehensweise weiter. Zusammengefasst liefert dieses Modus-Operandi-Verhalten so unter anderem Hinweise darauf, wie erfahren ein Täter ist und wie kontrolliert er vorgehen kann.

Der andere Aspekt ist der der psychologischen Handschrift des Täters, die Hinweise auf seine Persönlichkeit und Bedürfnisse gibt. Eine wichtige Frage dabei lautet: Was macht eine Person, was sie nicht machen müsste? Denn die Antwort auf diese Frage verrät viel über den Menschen. Nehmen wir als Beispiel eine Person, die bei Treffen mit anderen Menschen immer sehr viel über sich erzählt, obwohl sie es ja eigentlich nicht müsste. Diese Person berichtet also oft und gerne davon, was sie alles gemacht oder was sie erlebt hat. Vor allem geht es in den Erzählungen immer auch darum, wie grandios ihre Handlungen waren. Das wäre aus kriminalpsychologischer Sicht ein Hinweis auf die Persönlichkeitsaspekte und die psychologischen Bedürfnisse dieses Menschen. In dem beschriebenen Fall könnte man so die Erkenntnis gewinnen, dass diese Person narzisstisch geprägt ist und sich in der Bewunderung anderer sonnt.

Ein anderes Beispiel: Habe ich jemanden, der immer alles sehr genau sortiert, der sehr nervös erscheint, wenn nicht alle Details so sind, wie sie sein sollten, wäre das letztendlich ein Hinweis auf eine sicherheits- oder strukturliebende Persönlichkeit.

Kriminalpsychologie: Die Frage nach der Motivation des Menschen

Aus der Fragestellung »Was macht eine Person, was nicht unbedingt notwendig ist?« lassen sich also häufig Hinweise ziehen. Das gilt gleichermaßen für den umgekehrten Fall und damit verbunden für die Frage: Was macht eine Person nicht, obwohl sie eigentlich die Möglichkeit dazu hat? Ich möchte diese Frage anhand eines anderen Beispiels verdeutlichen, das ich selbst erlebt habe. Gemeinsam mit einem Kollegen aus dem Ermittlungsbereich arbeitete ich an einem Fall, der sich in einem Bankenumfeld abgespielt hatte. Einem unbekannten Täter war es gelungen, Konten zu manipulieren. Schnell wurde deutlich, dass es sich nur um einen Innentäter handeln konnte, also um jemanden, der selber für die Bank tätig war. Denn der Zugang zu den einzelnen Systemen war nur für eine Person erreichbar, die dort arbeitete.

Dieser Täter hat also das System manipuliert – und er hätte gleich zu Beginn schon große Summen abziehen können. Nur hat er genau dieses nicht getan, sondern wartete stattdessen nach der ursprünglichen Manipulation und einer ersten, eher geringen Geldentnahme sehr lange. Es dauerte mehrere Monate, bis er den nächsten Schritt machte. Erneut aber nahm er nur eine relativ geringe Menge Geld heraus und wartete dann wieder einige Monate, bis er den nächsten Schritt machte. Diese Vorgehensweise war auffällig, und sie verriet mir etwas über die Persönlichkeit des Täters. Es handelte sich um jemanden, der sehr vorsichtig und sehr wachsam war. Ein Mensch also, der aus einem gewissen Sicherheitsabstand sehr genau beobachtete, was in seinem Umfeld geschah.

Der wichtige Punkt daran: Persönlichkeit ist etwas, das sich durch alle Lebensbereiche zieht. Wenn jemand sich also beim Bestehlen seines Arbeitgebers auf diese Weise verhält, wird er in seinem Alltag nicht anders vorgehen. Für uns bedeutete das bei den Ermittlungen, dass wir Personen ausschließen konnten, die sich gerne in den Mittelpunkt stellten oder die eine »Hoppla, hier komm ich«-Mentalität an den Tag legten. Der Täter war mit hoher Wahrscheinlichkeit also kein Selbstdarsteller und kein Geschichtenerzähler, sondern eine eher zurückhaltende und misstrauische Person.

Menschen entschlüsseln

Das also sind einige der Ableitungen, die man aus der Frage ziehen kann, was der Täter nicht getan hat, obwohl er es hätte tun können.

In einem anderen Fall ging es um anonyme Schreiben, die in einem Unternehmen eintrafen. Auffällig war hier, dass es immer sehr ausführliche Darstellungen in der Form gab, wie schlimm doch die anderen sind, was ihm, dem unbekannten Autor, und anderen Mitarbeitern an Bösem zugestoßen war. All das war immer auch sehr dramatisch geschildert.

Im Grunde aber ging es bei den einzelnen Schreiben allein um die Verleumdung einer Führungskraft des angesprochenen Unternehmens – die ausufernde Darstellung des selbst Erlebten wäre also im Grunde gar nicht notwendig gewesen. Zudem waren die Briefe an außenstehende Empfänger wie Medien und Behörden adressiert. Das intensive Herausstellen des eigenen Leids und der Boshaftigkeit der Führungskraft stellte damit einen deutlichen Hinweis auf eine dramatische Persönlichkeit dar. Denn das Ziel der Rufschädigung dieser Person ließe sich auch ohne eine derart ausufernde und emotionalisierte Darstellung erreichen. Dies war eine Erkenntnis, die ebenfalls für die Ermittlungen genutzt und herangezogen werden konnte. Denn der anonyme Briefschreiber neigte sicherlich nicht nur im geschriebenen Wort, sondern auch in seinem persönlichen Auftreten zu solcher Dramatik. Die psychologischen Bedürfnisse, die sich hinter dieser Art des Ausdrucks verbergen und sich in der Persönlichkeit manifestieren, drücken sozusagen immer mehr durch.

Ein von mir geschätzter Kollege hat einmal gesagt: Je stärker ein solcher Persönlichkeitsaspekt ist, desto stärker drückt er sich im Verhalten aus. Dieses Wissen lässt sich für die Ermittlungsarbeit ebenso wie für die Analyse anderer Menschen nutzen.

Persönlichkeitsstile: Was Persönlichkeit ist

Warum Psychopathen einfach dazugehören

Jeder, der das beschriebene Wissen über Persönlichkeitsaspekte berücksichtigt, kann in der Folge andere besser verstehen – und er kann lernen, besser mit bestimmten Persönlichkeiten umzugehen. Das gilt für die Partnerschaft, den Umgang mit Freunden wie für den Chef oder die Kollegen. Nicht zu unterschätzen ist dabei der Faktor der Selbsterkenntnis. Wir lernen auf diese Weise auch, uns selbst besser zu verstehen und zu erkennen, warum wir in gewissen Situationen so reagieren, wie wir reagieren. Ist uns das bewusst, können wir schlussendlich lernen, eventuell unerwünschtes eigenes Verhalten zu verändern. Allerdings ist dies nur in gewissem Rahmen möglich.

Jeder von uns besitzt einen beziehungsweise meist zwei Persönlichkeitsstile, die in unserer Psyche dominanter sind und je nach individueller Ausprägung unser Verhalten bestimmen. Diese Persönlichkeitsstile sind fest in uns verankert. Das gilt für einen dramatischen ebenso wie für einen misstrauisch-vorsichtigen Stil und alle weiteren Persönlichkeitsstile.

Die oft beschriebene Idee, wir könnten aus uns alles machen, was wir wollen, wir könnten uns selbst regelrecht umkrempeln und damit neu erfinden – diese Fantasie ist sicherlich falsch und entspricht nicht der Realität. Das bedeutet allerdings nicht, dass wir alles einfach hinnehmen müssen. Natürlich können wir an uns selbst arbeiten, und wir können graduell etwas an uns verändern. Häufig ist es aber deutlich sinnvoller, wenn wir versuchen, uns selbst besser zu verstehen und dann entsprechend mit unserer

Persönlichkeit umzugehen. Wir können uns eben nicht zu vollkommen anderen Menschen formen. Vor allem aber, weil diese Bildung unserer Persönlichkeitsstile sehr früh in unserem Leben einsetzt und die Grundfiguration unserer Persönlichkeit dann meist schon recht früh abgeschlossen ist – in der Regel in den späten Teenagerjahren. Das führt außerdem dazu, dass wir durch unseren ganz eigenen Persönlichkeitsstil schon in recht jungen Jahren einen Blick auf die Welt haben, der für uns der natürliche Blick ist. Ist ein Mensch eine eher narzisstische Persönlichkeit und steht daher gerne im Mittelpunkt, ist es für ihn völlig selbstverständlich, dass er etwas Besonderes und einfach »eine große Nummer« ist. Dass die anderen ihm gern zuhören, steht für diesen Menschen außer Zweifel – schließlich ist er ja »er«. Dass an dieser Ansicht etwas nicht stimmen könnte, dieser Gedanke kommt bei einer starken Ausbildung des Persönlichkeitsstils gar nicht auf. Bildlich gesprochen lässt sich jeder Mensch auf allen Persönlichkeitsstilen in jeweils einem Wert von 0 bis 100 einordnen. So kann man sich gut vorstellen, dass für ein zufriedenes Leben beispielsweise ein gewisses Maß an Selbstliebe sprich Narzissmus förderlich ist. Genauso ist etwa eine gute Portion Wachsamkeit allgemein hilfreich und in manchen Berufen sogar unentbehrlich, etwa bei Anwälten oder Polizisten.

Allerdings sollten wir nicht denken, dass alles, was einen entwickelten Persönlichkeitsstil ausmacht, auf angeborenen Eigenschaften beruht. Vielmehr handelt es sich um eine Kombination von Angeborenem und zumeist frühen Erfahrungen. Wahrscheinlich hat das Angeborene sogar einen geringeren Anteil. Was uns angeboren ist, das sind Eigenschaften wie Temperament und die Grundlagen dafür, ob wir eher ruhig oder emotional sind. Was jedoch weit wichtiger und prägender ist, das sind die frühen Erfahrungen mit unseren sogenannten Bindungspersonen. Das sind in der Regel natürlich unsere leiblichen Eltern, es können aber auch andere enge Bezugspersonen sein.

Wir Menschen sind Bindungswesen – dieser Fakt ist tief in unserer Natur verankert. Das drückt sich in vielen Facetten unseres typischen Verhaltens aus. Hören wir etwa ein Baby schreien, haben wir das Bedürfnis, zu dem Baby zu gehen. Babyschreien ist nicht nur für Eltern sehr schwer auszuhalten, und dabei geht es nicht um das Ertragen von Lautstärke, sondern eben um den Impuls, der uns etwas dagegen tun lassen will.

Sehen wir andererseits auf der Straße ein Kind, das uns anlächelt, gibt uns das ein Gefühl von Wärme und Freude – es sei denn, wir sind psychopathisch oder zum Zeitpunkt der Begegnung gerade depressiv. In der Regel haben wir beim Lächeln eines Kindes das Bedürfnis, zurückzulächeln.

Das aber hat nichts damit zu tun, dass wir einfach nette Menschen sind. Es hat vielmehr mit dem zu tun, was die Psychologie als Bindungsapparat bezeichnet. Uns ist das tiefe Bedürfnis angeboren, Bindungen zu anderen Menschen aufbauen zu wollen.

Der Grund dafür: Die Bindung zu anderen Menschen war und ist für uns überlebensnotwendig. Wir sind von allen Säugetieren wahrscheinlich diejenigen Wesen, die am längsten brauchen, bevor sie unabhängig leben können. Wir benötigen über Jahre Schutz, wir brauchen Wärme. Jemand muss uns mit Nahrung versorgen und schließlich in das selbstständige Leben führen. Ohne solche Hilfe würden wir schon in der Anfangsphase unseres Lebens sterben.

Vor diesem Hintergrund muss man einen Begriff wie vogelfrei verstehen, der vor allem früher häufig genutzt wurde und im Mittelalter als Strafe galt. Vogelfrei bedeutet, dass ein Mensch ausgestoßen wird, er wird herausgerissen aus seinen persönlichen Bindungen und seinem gesamten Umfeld. Das stellte und stellt für die meisten Menschen ein sehr dramatisches Erlebnis dar.

Die Bindung zu unseren Eltern oder anderen Personen ist für uns Menschen also ein sehr wichtiger Faktor. Neben der biologischen hat diese Bindung aber auch eine psychologische Komponente. Etwa in Form der Frage, ob ich mich darauf verlassen kann, dass der andere immer da ist, wenn ich ihn brauche. Lerne ich als Kind, dass ich immer erst sehr viel Aufmerksamkeit erzeugen und mich daher auf eine deutlichere und emotionalere Art präsentieren muss, bevor ich wirklich wahrgenommen werde, werde ich wahrscheinlich einen dramatischen Persönlichkeitsstil mitentwickeln.

Solche frühen Erfahrungen prägen also unseren Charakter. Besonders wichtig dabei ist die Tatsache, dass all das immer auf das Thema Beziehung ausgerichtet ist, da eben Bindung oder Beziehung für uns als Mensch so außerordentlich wichtig ist. Der uns typische Persönlichkeitsstil – beziehungsweise unsere Stile, da wir in der Regel über zwei davon in höherer Ausprägung verfügen – bestimmt daher sehr stark, wie wir uns selbst und eben auch andere wahrnehmen.

Allerdings ist es umgekehrt nicht immer einfach möglich, von einem Persönlichkeitsstil Rückschlüsse auf die frühen Erfahrungen dieses Menschen zu ziehen. Denn es gibt verschiedene Wege, die am Ende zu diesem Stil geführt haben können. Ein Beispiel dafür ist der Narzissmus. Hier kann es natürlich der Fall gewesen sein, dass die später narzisstische Persönlichkeit schon früh in die Rolle der besonderen Person gesetzt und wie ein kleiner Prinz behandelt wurde. Es kann aber auch ganz anders gewesen sein, wie etwa bei dem ehemaligen deutschen Bundeskanzler Gerhard Schröder, der ein Beispiel für eine Person mit einem narzisstischen Persönlichkeitsstil ist. Schröder wuchs nicht damit auf, als etwas Besonderes angesehen zu werden. In seiner Autobiografie schrieb Schröder, dass er als Kind in sehr armen Verhältnissen lebte. Seine Mutter war eine Kriegerwitwe, die ihn, seine ältere Schwester und drei jüngere Geschwister mit dem wenigen Geld über die Runden bringen musste, das sie als Putzfrau verdiente. Die Schröders zählten zu den Ärmsten der Armen, wurden nach den Erinnerungen des Altkanzlers sogar als »die Asozialen« bezeichnet. Der junge Gerhard Schröder war also nicht höhergestellt oder etwas Besonderes, aber er entwickelte schon früh den Lebensplan, dass er etwas Besonderes erreichen wollte, auch um seine Mutter aus den ärmlichen Verhältnissen zu retten. Die frühe Biografie von Gerhard

Schröder stellt ein gutes Beispiel dar, wie ein narzisstisches Ziel im Leben sehr positiv daran mitwirken kann, die eigenen Ziele zu verwirklichen. Es kann also immer unterschiedliche Konfigurationen in der frühen Phase unserer Persönlichkeitsentwicklung gegeben haben. Im Endeffekt bedeutet das für uns, dass wir besser davon absehen sollten, aus einem erwachsenen Menschen herauslesen zu wollen, was er in seiner Kindheit und Jugend erlebt hat und was ihn vor diesem Hintergrund so werden ließ, wie er nun ist.

Weit wichtiger ist die Erkenntnis, dass unsere Persönlichkeit eben immer auf dem Thema der Bindung zu anderen basiert – und dass dieser unser Persönlichkeitsstil etwas Natürliches ist. Weil das aber so ist, fällt vielen von uns eben unser eigener Persönlichkeitsstil gar nicht auf. Erkennen wir jemanden als eine Person mit einem wachsamen Persönlichkeitsstil, wird diese Person womöglich nur den Kopf schütteln, wenn wir ihr das erzählen – denn für diesen Menschen ist es ja das Natürlichste der Welt, dass er vorsichtig und mit offenen Augen durch die Welt geht.

Unter allen Persönlichkeitsstilen gibt es jedoch einen, der sich von den anderen abhebt, weil es bei ihm vermutlich einen besonders starken biologischen Anteil gibt. Gemeint ist der des Psychopathen.

Was psychopathische Persönlichkeiten so besonders macht, ist der Umstand, dass sie keine oder kaum Angst kennen – und diese Eigenschaft ist offenbar angeboren. In der Gesamtheit der Menschen lebten und leben nach Schätzungen immer etwa ein oder zwei Prozent solcher Psychopathen. Es gibt daher evolutionspsychologisch die Vermutung, dass psychopathische Persönlichkeiten auch deshalb existieren, weil sie für uns als Spezies hilfreich waren. Denn gerade unsere Krieger und Helden waren zum großen Teil wahrscheinlich solche psychopathischen Persönlichkeiten. Sie stellten vielfach die Kämpfer und die Führer in gefährlichen Zeiten dar. Gerade für die frühen Menschen, die noch in kleinen Gruppen lebten, waren solchen Persönlichkeiten daher sehr hilfreich, da sie sich einer Bedrohung angstfrei entgegenstellten, statt sich ängstlich zurückzuziehen oder sich ihrem Schicksal zu ergeben. Der aktuelle Stand der Forschung neigt daher dazu, eine psychopathische Persönlichkeit nicht mehr ausschließlich als ein Krankheitsbild zu sehen.

Was über Psychopathen und alle andere Persönlichkeitsstile zu sagen ist, gilt übrigens nicht allein für unseren europäischen Lebensraum, sondern für alle Länder, Kontinente oder Kulturen – denn Persönlichkeitsstile sind universell und sind somit überall zu finden. Außerdem sind sie über alle Zeitalter gleich oder zumindest sehr ähnlich geblieben. Es existieren mehr als 2000 Jahre alte Beschreibungen von Persönlichkeitsstilen, die immer noch sehr modern wirken.

Doch so gleich die Stile weltweit auch sind, so unterschiedlich können sie sich äußern oder wahrgenommen werden. Wer beispielsweise einmal einer Beerdigung in Italien beigewohnt hat, könnte leicht vermuten, dass alle Italiener sehr dramatische Persönlichkeiten sind, weil sie ihren Emotionen in einer solchen Situation freien Lauf lassen. Beobachtet dagegen ein Italiener uns dabei, wie wir während einer Beerdigung versuchen, eben diese Emotionen zu unterdrücken, könnte er uns leicht als ein Volk von Psychopathen einstufen. Diese Unterschiede beweisen jedoch nur, dass der Ausdruck eines Persönlichkeitsstils eben variieren kann.

Mancher könnte vermuten, dass gerade in schwierigen oder gefährlichen Zeiten die Menge an psychopathischen Persönlichkeiten zunimmt. Tatsächlich ist das nicht der Fall – sie können sich in solchen Phasen einfach nur leichter durchsetzen. Und sie fallen dann zum Beispiel in der Politik, aber auch in der Wirtschaft häufiger auf.

Insgesamt existieren, wie schon zu Beginn dieses Buches erwähnt, nicht mehr als 15 verschiedene Persönlichkeitsstile, je nach Definition nennen manche wissenschaftliche Richtungen eine leicht abweichende Anzahl unterschiedlicher Stile. Diese Konfigurationen wurden in der Zeit des späten 19. und des frühen 20. Jahrhunderts herausgearbeitet und haben bis heute Bestand. Beteiligt an der Ausarbeitung der Stile waren zahlreiche Forscher und Experten an unterschiedlichen Orten, die ihr Wissen einbrachten. So hat beispielsweise Sigmund Freud das Konzept des Narzissmus stark geprägt, andere haben ebenfalls ihre Erfahrungen, Forschungen oder Beobachtungen ein- und so die Entwicklung der einzelner Persönlichkeitsstile vorangebracht. Letztlich handelte es sich um eine mindestens eineinhalb Jahrhunderte andauernde Beschäftigung mit dem Thema. Bis heute ist diese Arbeit noch nicht vollkommen abgeschlossen. Persönlichkeitsstile werden teilweise immer noch uminterpretiert, es kann auch in Zukunft dazu kommen, dass ein Persönlichkeitsstil in zwei Unterformen aufgeteilt wird. Wirklich umwälzende und vollkommen neue Erkenntnisse sind jedoch nicht zu erwarten – im Großen und Ganzen sind Persönlichkeitsstile stabil, so, wie wir sie kennen.

Für uns bedeutet das vor allem eines: Egal, wie groß die Menschenmasse ist, durch die wir uns bewegen, egal, ob wir uns im vollen Fußballstadion oder am überfüllten Mittelmeerstrand befinden, im Endeffekt sind wir immer umgeben von den je nach Definition nur etwa 15 Persönlichkeiten beziehungsweise Persönlichkeitsstilen. Die allerdings können bei einem Menschen immer sehr unterschiedlich ausgeprägt sein, von eher schwach bis sehr stark. Und, wie schon erwähnt, sind es bei jedem von uns meistens zwei dieser Persönlichkeitsstile, die besonders ausgeprägt sind. Wenn Freunde uns beschreiben würden, hätten sie womöglich noch nie etwas über die Existenz dieser Stile gehört – doch würden sie uns meist entlang dieser beiden besonders charakteristischen Persönlichkeitsstile beschreiben, die uns vor allem ausmachen.

Alles in allem hilft uns das Wissen über die Persönlichkeitsstile nicht zuletzt dabei, zumindest einige Grundzüge des Gegenübers herauszufinden. Mal funktioniert das relativ einfach, manchmal allerdings stellt sich das schwieriger dar, da nicht jeder dieser Stile so ausgeprägt oder offensichtlich ist, dass er uns regelrecht anspringt. Hinzu kommt, dass es auch »stillere« Persönlichkeitsstile gibt, die sich nicht leicht erkennen lassen. Ist ein Mensch etwa dependent, hat also eine innere Abhängigkeit von anderen, dann fällt das im Kontakt mit diesem Menschen nicht so schnell oder deutlich auf. Das Gleiche gilt für eine Person, die eher wachsam, vorsichtig und zurückhaltend ist.

Manche Stile wiederum sind eher nach außen gerichtet und lassen sich daher leichter erkennen. Und es kommt immer auch auf die Stärke der Ausprägung des Persönlichkeitsstils an – manche Menschen muss man sehr lange kennen, um ihren Stil einschätzen zu können. Falsch wäre übrigens die Vermutung, dass eine Person mit wenig ausgeprägten Persönlichkeitsstilen ein langweiliger Mensch ist – es könnte sich vielmehr um eine sehr ausgeglichene und damit im Umgang durchaus angenehme Person handeln.

Was beim Thema Persönlichkeitsstile außerdem immer zu beachten ist: Sie sind zeit- und situationsüberdauernd.

Zeitüberdauernd bedeutet, dass die Persönlichkeit sich schon früh in der Kindheit herausbildet, sich in der Teenagerzeit verfestigt und diese ausgebildeten Persönlichkeitseigenschaften den Menschen dann sein ganzes Leben kennzeichnen. Manche Eigenschaften werden sich vielleicht mal ein wenig abschwächen, während andere Züge stärker hervortreten, in ihrer Gesamtheit jedoch überdauern sie die Zeit.

Menschen nie vorschnell ver- oder beurteilen

Ein Beispiel: Steht ein Mensch unter Stress, ist er womöglich gereizt, genervt und steht unter Druck. Begegnen wir dieser Person in eben genau dieser Situation, könnten wir ihn schnell für einen misslaunigen oder aggressiven Menschentyp halten – was ein Fehler wäre. Denn wir würden etwas für eine Persönlichkeitseigenschaft halten, was tatsächlich nur eine Phase darstellt und wieder vorübergeht, weil eben der Faktor Stress das Verhalten verursacht hat.

Ein anderes Beispiel wiederum veranschaulicht, dass Persönlichkeitseigenschaften daneben auch situationsüberdauernd sind. Es

Persönlichkeitsstile: Was Persönlichkeit ist

kann durchaus vorkommen, dass wir auf einer Party oder einer Abendgesellschaft jemandem begegnen, mit dem trotz aller Bemühungen unsererseits kein wirkliches Gespräch in Gang kommt. Wir können uns selbst gar nicht erklären, warum das der Fall ist, aber es ist einfach so. Wir haben gar nichts gegen die andere Person, doch die Situation ist und bleibt etwas verkrampft. Beobachtet uns in diesem Moment ein Dritter oder stößt er sogar zu uns, könnte er uns in dieser Situation für eine schüchterne oder wortkarge Persönlichkeit halten. Wissen wir selbst aber, dass wir normalerweise eher lebhaft und sogar unterhaltsam sind und dass nur in diesem einen Zusammentreffen die Chemie zwischen zwei Menschen nicht stimmt – dann würde der Beobachter einen Fehler machen, wenn er die Eindrücke dieser Momentaufnahme als Bild unserer grundsätzlichen Persönlichkeitseigenschaften ansieht.

Es ist also bei der Beschäftigung mit Persönlichkeitseigenschaften sehr wichtig, dass wir sie einem Menschen nicht vorschnell zuordnen und damit letztendlich einen großen Fehler begehen. Die wirklichen Eigenschaften einer Persönlichkeit sind lang andauernd, und sie sind in vielen verschiedenen Situationen zu beobachten.
   Ich würde übrigens davor warnen, uns nahestehende Personen wie Freunde oder Verwandte mit solchen Persönlichkeitsprofilen vorschnell zu analysieren, um sie mit unseren vermeintlichen Erkenntnissen zu überfallen – das führt regelmäßig zu Missstimmungen. Es ist ratsam, lieber etwas vorsichtig mit unseren Erkenntnissen umzugehen. Und wir sollten zudem berücksichtigen, dass sich Persönlichkeitsstile nicht immer sofort zeigen. Man muss die Menschen genauer kennen, und man muss wissen, dass manche Personen eben keine übermäßig stark ausgeprägten Persönlichkeitsstile besitzen.

Profiling: Weit mehr als Täterprofile

Was Worte über uns sagen und Facebook über uns verrät

Kehren wir an dieser Stelle noch einmal zur Kriminalpsychologie und dem Thema Profiling zurück. Der klassische Profilingansatz ist im Laufe der Zeit deutlich erweitert worden. Doch obwohl der Begriff Profiling heute so geläufig ist und viele Menschen nicht zuletzt durch das Bild, das in Filmen gezeichnet wird, darin ihren Traumberuf sehen, existiert ein etwas naives oder zumindest nicht reales Bild davon, was Profiling ist.

Wie schon erwähnt, gibt es den in den Medien so präsenten Profiler in der Realität nicht. Auch gibt es keine Möglichkeit für jedermann, sich zu einem Profiler ausbilden zu lassen, wie es manches dubiose Angebot im Internet vorgaukelt. Und Fachleute, die eine Tätigkeit ausüben, die im weitesten Sinne dem oberflächlichen Bild des Profilers entspricht, würden sich selbst kaum so bezeichnen, weil der Begriff eben einen mythischen und fiktionalen Beigeschmack hat. In Deutschland sprechen wir daher von Fallanalytikern, und deren Arbeit wird tatsächlich von der Polizei genutzt.

Die für den Begriff des Profilers verantwortliche Erstellung eines Täterprofils stellt in der wirklichen Welt jedoch nur einen Teil der wesentlich umfangreicheren Aufgaben eines solchen Fallanalytikers dar. Wer diesen Beruf ernsthaft ergreifen will und dann in der sogenannten operativen Fallanalyse tätig sein möchte, der muss bei der Polizei sein und dort außerdem eine zweijährige Zusatzausbildung absolvieren. Die meisten Fallanalytiker sind daher

Profiling: Weit mehr als Täterprofile

keine Psychologen, sondern Polizeibeamte mit überwiegend langjähriger Erfahrung. Sie beschäftigen sich mit sehr ausgeklügelten Verfahren der Fallrekonstruktion und Analyse. Außerdem stellen Gewalttaten nur einen Teil der Fälle dar, bei denen solche Analytiker eingesetzt werden. Häufig beschäftigen sie sich mit Erpressungen oder Entführungen, auch bei Drohungen werden die Fähigkeiten der Analytiker gebraucht und eingesetzt.

Ich selber bin, wie erwähnt, kein Fallanalytiker, sondern ein Kriminalpsychologe. Aber auch wir setzen derartige Analysemethoden ein – etwa bei den erwähnten Fällen von Drohschreiben, bei Sabotage oder Erpressungsfällen. Der Kern dieser Arbeit besteht immer darin, dass das Verhalten in den Mittelpunkt gerückt wird. Wir betrachten also zuerst das Verhalten eines Täters und versuchen, es über den Zeitraum der Tat hinaus zu rekonstruieren. Denn genau das verrät uns sehr viel über die gesuchte Person. Welche Entscheidungen wurden getroffen, welcher Weg wurde gegangen oder welchen hätte der Täter alternativ gehen können? Was zeigt der uns unbekannte Mensch in seinem Verhalten immer wieder?

Ich möchte das an einem Beispiel verdeutlichen: In einer Produktionsanlage mit mehreren Hundert Mitarbeitern war eine Maschine beschädigt worden. Zunächst wurde davon ausgegangen, dass die Ursache in einem Bedienungsfehler zu suchen war. Allerdings wiederholten sich in der Folgezeit derartige Vorfälle beziehungsweise Schäden. Als meine Kollegen und ich uns mit dem Fall beschäftigten, stellten wir fest, dass die Maschine bei dem ersten derartigen Vorfall mit viel roher Gewalt beschädigt worden war. Als die Schäden sich fortsetzten, wurde die Art der Beschädigungen jedoch immer zielgerichteter und feiner. Uns sagte diese Entwicklung, dass wir es mit einer Person zu tun hatten, die sich selbst zu kontrollieren vermochte – die aber zudem eine impulsive Seite besaß. Und es handelte sich um eine Persönlichkeit, die fähig war, nach dem impulsiven Auftakt mit roher Gewalt in einen anderen Modus zu wechseln. Außerdem wussten wir aus der Forschung, dass es gerade bei solchen Sabotageakten zuvor häufig ein

Erlebnis oder eine Situation gegeben hat, die als ungerecht empfunden wird. Wir konnten in Zusammenarbeit mit den Ermittlern anhand der Zeitpunkte der Beschädigungen und der in den jeweiligen Schichten Beschäftigten den Kreis der Verdächtigen auf eine kleine Gruppe von Mitarbeitern eingrenzen. Im Rahmen von gezielten Interviews fanden wir schließlich eine Person, die wahrscheinlich für die Schäden an den Maschinen verantwortlich war. Auffällig war dabei, dass der Verdächtige ein sehr manipulatives Verhalten uns gegenüber, aber auch allgemein im Betrieb zeigte. Dieser Mitarbeiter wurde an einen anderen Arbeitsplatz versetzt, und danach kam es nie wieder zu weiteren Beschädigungen dieser Art.

Ein anderes Beispiel: Erpressung. Viele Erpresser versuchen in Drohschreiben, ihre Identität zu verschleiern, gerade wenn sie etwa selbst in einem erpressten Unternehmen tätig sind. Da werden absichtlich Schreibfehler eingefügt, oder es wird ein sehr einfacher Sprachstil genutzt, um von sich und dem ansonsten höheren Sprachniveau abzulenken. Wichtig dabei ist die Erkenntnis, dass ein Mensch sich immer nur »downgraden« kann. Er kann also immer nur versuchen, sich dümmer oder einfacher darzustellen, als er wirklich ist – er kann sich aber niemals intelligenter machen, als es wirklich der Fall ist. Doch es geht nicht nur um die Intelligenz. Auch auf anderer Ebene verrät die in Droh- oder Erpresserschreiben festgehaltene Sichtweise der Dinge einiges über die Person des Verfassers.

In einem Fall wurde vor einiger Zeit der Leiter einer Niederlassung eines großen Unternehmens durch Schreiben eines Unbekannten verunglimpft. Die Beschäftigung mit diesem Brief zeigte uns, dass die Person emotional sehr stark von dem Thema betroffen war. Die Sprache orientierte sich auf eine bestimmte Weise deutlich an einer Beziehungsthematik – was zu der Überlegung führte, dass es sich um eine Frau handeln könnte. Natürlich waren die Schreiben anonym verfasst. Doch gerade durch die emotional und in Wut verfassten Worte verriet uns die Verfasserin sehr viel über sich – so viel, dass es schließlich recht einfach war, ihre Identität festzustellen.

Am Ende stellte sich heraus, dass es sich bei der Verfasserin der Schreiben um eine ehemalige Praktikantin des Unternehmens handelte. Der Niederlassungsleiter, ein sehr dominanter und zudem aggressiver Mensch, hatte versucht, der Praktikantin nahezukommen. Das Unternehmen managte es so, dass vor dem Hintergrund der gewonnenen Erkenntnisse einerseits die Praktikantin geschützt und vor weiteren leidvollen Erfahrungen bewahrt wurde, den Niederlassungsleiter andererseits verwies man sehr deutlich in seine Schranken.

Dieser Fall mag auf den ersten Blick fast nebensächlich wirken. Doch dahinter steckt viel mehr, als die meisten Menschen wahrhaben wollen. Er zeigt nämlich, wie viele Erkenntnisse aus dem gewonnen werden, was wir mit ein paar Worten von uns preisgeben.

Was soziale Netzwerke und unser Arbeitsplatz über uns verraten

In der heutigen Zeit erscheint es uns selbstverständlich, regelmäßig etwas über unser Tun und Denken über soziale Netzwerke zu veröffentlichen. Denn wir teilen etwa auf Facebook nicht nur anderen etwas mit – Studien zeigen deutlich, dass aus Facebook-Seiten sehr viel über die jeweilige Person herausgelesen werden kann. Wir selbst aber unterschätzen sehr stark, wie viel wir auf diesem Weg von uns erzählen, und wir unterschätzen die Fähigkeiten der anderen, aus unseren Postings mehr über uns zu erfahren, als wir es möchten oder glauben.

Nicht nur via Facebook, sondern auch über unser Zuhause oder unseren Arbeitsplatz verraten wir sehr viel über uns. In meinem Büro etwa hängen sehr viele Urkunden von Veranstaltungen und Seminaren, die ich besucht habe – das verrät viel darüber, wie ich mich nach außen darstellen möchte. Gleichzeitig hängen diese Urkunden aber nicht in einer exakten Anordnung an der Wand, sondern sie hängen dort, wo Platz war. Das zeigt mindestens, dass ich kein strukturorientierter oder ordnungsliebender Mensch bin.

Es ist uns übrigens nicht möglich, diese Facetten unserer Persönlichkeit gänzlich zu verschleiern. So könnte man natürlich sagen, ich habe die Urkunden nur so willkürlich und schräg aufgehängt, um zu tarnen, dass ich im Grunde doch ein ausgesprochen strukturliebender Mensch bin. Wäre das tatsächlich der Fall, könnte ich es dauerhaft jedoch gar nicht ertragen, dass gerade in meinem Büro nicht die Ordnung herrscht, die mir doch so wichtig ist. Das würde mich im Endeffekt vielmehr nervös machen. Vor allem käme ich gar nicht auf die Idee, mich derart zu verstellen. Denn würde ich die Struktur so lieben, wäre es für mich selbstverständlich, dass an der Wand eine Ordnung herrscht – alles andere würde ich ja als falsch ansehen.

Das Wissen über solche Eigenschaften lässt sich auch an anderer Stelle nutzen. Hier ein etwas boshaftes Beispiel aus meinem eigenem Umfeld, das natürlich zugleich wieder etwas über mich aussagt: Ich habe mit einem Kollegen gemeinsam Seminare veranstaltet. Dieser Kollege ist ein wenig zwanghaft. Er hat zum Beispiel seine Kugelschreiber immer exakt nebeneinander auf den Tisch gelegt. Während er vor dem Publikum sprach, habe ich sein Schreibwerkzeug immer mal gerne ein wenig verschoben – kam er dann zurück an seinen Platz, brachte ihn diese Unordnung vollkommen aus dem Konzept, und er musste umgehend die gewünschte Anordnung wiederherstellen. Wir sprechen aber immer noch miteinander. Was möglicherweise auch damit zusammenhängt, dass ich ihm nie verraten habe, wer für die Unordnung an seinem Platz verantwortlich war. Übrigens habe ich inzwischen mit diesem Spiel aufgehört – es hatte den Kollegen doch immer zu sehr irritiert.

Narzissmus: Ich bin ein Star

Grandiosität bis zum Schluss und warum Gerhard Schröder eigentlich immer noch Kanzler ist

Bisher ging es bei den Persönlichkeitsstilen vor allem um das große Ganze. Einige dieser Stile stechen jedoch besonders heraus und sollen daher in diesem Buch vertieft behandelt werden. Einer der besonderen Stile ist der Narzissmus – was jeder Narzisst für selbstverständlich halten dürfte, wüsste er denn, dass er ein Narzisst ist.

Jeder Persönlichkeitsstil hat ein eigenes Bedürfnis, und das narzisstische Bedürfnis ist das nach Bewunderung. Der Begriff Narzissmus wird für diesen Persönlichkeitsstil seit dem 19. Jahrhundert verwendet, er stammt aus einem sehr alten griechischen Mythos. Das namensgebende Element ist der Jüngling Narziss, der sich so sehr in sein Spiegelbild verliebte, dass er schlussendlich daran zugrunde ging. Narziss war derart von der Schönheit seines Ebenbildes angetan, dass er sich nicht einmal davon lösen konnte, als ihm klar wurde, dass diese Liebe unerfüllbar war – er blieb und schmachtete das Spiegelbild an, bis er schließlich starb.

Narzisstische Persönlichkeiten haben zwei Grundpole. Und bevor ich diese genauer erläutere, möchte ich noch etwas festhalten: Manche folgende Erläuterung mag die narzisstisch geprägte Persönlichkeit auf den ersten Blick eher schlecht dastehen lassen. Doch der Narzisst ist grundsätzlich nicht gut oder schlecht. Es geht bei vielen der Beschreibungen vor allem um extreme Ausprägungen dieses Persönlichkeitsstils. Manche von uns leben mit einer gewissen narzisstischen Seite, die niemandem Probleme bereitet oder sogar positiv und motivierend nach außen wirkt.

Nun aber zurück zu den beiden Grundpolen der narzisstischen Persönlichkeit. Der eine besteht in etwas, das man als Grandiosität bezeichnet. Ein stark ausgeprägter Narzisst »weiß«, dass er besser ist – es gibt ihn, und es gibt uns. Wir müssen aus seiner Sicht im Grunde dankbar sein, dass wir ihm zuhören dürfen. Das bedeutet: Narzisstische Persönlichkeiten haben das Gefühl beziehungsweise die Wahrnehmung, dass sie etwas Besonderes sind. Sie haben Fantasien von großen Erfolgen, von außerordentlichen Beziehungen. Sie sind manchmal regelrecht ergriffen von sich selbst und dem, was sie alles in ihrem Leben erreicht haben. Man sieht zum Beispiel bei derartigen Persönlichkeiten häufig sogenannte Identity Claims an der Wand: Fotos, auf denen sich solche Menschen gemeinsam mit Prominenten zeigen. Auch Fotografien des schicken Ferienhauses wären typisch – Abbildungen also, die die gefühlte eigene Grandiosität spiegeln und sie nach außen tragen. Narzisstische Persönlichkeiten stellen sich also gerne dar. Das kann sogar sehr geschmackvoll geschehen, etwa durch edle Kleidung oder teure Autos. Wie dieser Ausdruck der eigenen Besonderheit sich im Einzelfall ausdrückt, hängt immer auch davon ab, in welcher Umgebung oder Bevölkerungsschicht sich dieser Mensch bewegt.

Typisch ist außerdem, dass narzisstische Persönlichkeiten sehr gerne von sich selbst erzählen. Was sie erzählen, sind immer Geschichten, in denen es um eigene Erfolge geht. Manchmal dreht sich eine solche Geschichte auch um eine Krise. Das Ende der Erzählung wird aber fast immer darin bestehen, wie sie ihre Probleme durch eigenes Handeln genial gelöst haben. Sie berichten dies, damit andere von ihnen lernen können. Vielleicht werden sie sogar ankündigen, dass sie über die von ihnen allein bewältigte Krise ein Buch schreiben werden.

Es gibt außerdem Personen, die ich als narzisstischen Künstlertyp bezeichne. Das sind oft tatsächlich Künstler, manchmal aber auch Wirtschaftsführer, die dadurch auffallen, dass sie immer andere Kleidung als ihr Umfeld tragen, um auf diese Weise deutlich zu machen, dass sie selbst über den Normen stehen.

Narzissmus: Ich bin ein Star

Was man allerdings wissen muss: Narzissmus ist nicht zu verwechseln mit Selbstbewusstsein. Denn zu Narzissmus gehört immer eine Art Gegenpol, und der besteht in dem Element der Kränkbarkeit. Wird einer solchen Person sachlich widersprochen oder wird schlicht eine andere Meinung geäußert, nimmt sie das in der Regel nicht sehr gut auf. In einem solchen Fall zeigen Narzissten meist eine von drei Verhaltensweisen: Entweder werden sie wütend, oder sie tun so, als wäre gar nichts geschehen, und ignorieren die Äußerungen einfach. Ihre dritte Strategie besteht darin, dass sie später mit leichten verbalen Nackenschlägen reagieren, um denjenigen, der eine andere Meinung vertreten hatte, kleinzumachen.

Hinzu kommt, dass eine narzisstische Persönlichkeit eine Kränkung so gut wie nie im Leben vergisst. Daher kann es vorkommen, dass der Narzisst drei Jahre später auf die damals empfundene Kränkung zu sprechen kommt, an die sich das Gegenüber absolut nicht mehr erinnern kann. Das kann im Arbeitsumfeld dazu führen, dass der Narzisst anderen selbst nach langer Zeit für eine gefühlte Kränkung noch eins auswischen möchte, obwohl alle anderen außer ihm das Thema längst vergessen haben. Gekränkte Narzissten können also durchaus ein Problem darstellen.

Diese Kränkbarkeit ist auch ein Hinweis darauf, dass der Narzissmus im Grunde eine kompensatorische Grandiosität darstellt. Eine derartige Persönlichkeit benötigt Bewunderung, weil sie – bewusst oder manchmal unbewusst – immer auch mit Selbstzweifeln zu kämpfen hat. Dies wird natürlich niemals nach außen gezeigt. Trotz aller dargestellten Großartigkeit erleben diese Menschen regelmäßig Phasen der Leere bis hin zu einem Gefühl der Wertlosigkeit.

Diese Kombination von Gefühlslagen kann jedoch zugleich immer wieder ein Ansporn für eine derartige Persönlichkeit sein. Das Gefühl, etwas Besonderes zu sein, führt daher dazu, dass wir solche Menschen häufig tatsächlich in gehobenen Positionen wiederfinden – als Politiker etwa oder als Wirtschaftsführer. Ursache dafür ist eben dieses nahezu unstillbare Bedürfnis nach Bewunderung, kombiniert mit dem immer wieder aufkommenden Drang, den eigenen Selbstwert stabilisieren zu wollen. Dabei können sie durchaus Großes vollbringen. Allerdings lassen sich narzisstische Persönlichkeiten auch weit abseits beruflicher Erfolgsgeschichten finden. Ohnehin ist Narzisst nicht immer gleich Narzisst. Es gibt etwa Personen, die man als stabile Narzissten bezeichnet. Der schon angesprochene ehemalige Bundeskanzler Gerhard Schröder ist meiner Ansicht nach ein sehr gutes Beispiel für eine solche Person. Er ist jemand, der selbst bei großem politischem Widerstand im Grunde einfach mit den Schultern zuckte und damit zum Ausdruck brachte: »Ich bin historisch, was wollt ihr eigentlich?« So ein stabiler Narzissmus drückt sich durch einen großen »inneren Vorrat« an Grandiosität aus, durch die Gewissheit also, dass man auf dem richtigen Weg ist.

Es gibt Narzissten, die verhältnismäßig schnell labil werden und öfter in eine Selbstwertkrise verfallen. Man kann es so ausdrücken: Je weiter das Selbstbild des Narzissten von der Realität entfernt ist, umso labiler ist er häufig. Wenn ich also amtierender oder ehemaliger Bundeskanzler bin und mich für etwas sehr Besonderes halte, befinden sich Selbstbild und tatsächliche Lebensleistung nicht weit voneinander entfernt. Wenn ich jedoch eine große Fantasie benötige, um das Fühlen der eigenen Größe mit der tatsächlichen Lebenssituation in Einklang zu bringen, bin ich häufig wesentlich instabiler. Solche Narzissten können auf den ersten Blick sogar schüchtern wirken.

Ich erinnere mich an den Fall eines Prominenten-Stalkers, der eine Schauspielerin belästigt hatte. Als ich mit diesem Mann sprach, konnte er mir kaum in die Augen schauen. Er lebte selbst im Erwachsenenalter noch bei seinen Eltern. Trotzdem berichtete er in dem Gespräch, dass er schon sehr früh wusste, dass er etwas ganz Besonderes sei. Auf der einen Seite war er erfüllt von seinen Grandiositäts-Fantasien, auf der anderen Seite hielt er sich mit Gelegenheitsjobs über Wasser. Sein Leben bestand also aus zwei Seiten, die sehr weit auseinanderklafften.

Narzissmus: Ich bin ein Star

Aber kommen wir noch einmal zurück auf Gerhard Schröder. Eine Falle hat ihm sein eigener Narzissmus besonders bei einer der sogenannten Elefantenrunden gestellt, in denen sich Politiker nach einer Wahl im Fernsehen vor laufenden Kameras den Fragen der Journalisten stellen. Besagte Elefantenrunde fand vor dem Hintergrund der Bundestagswahl im Jahr 2005 statt, die Schröder offensichtlich verloren hatte. Die Zahlen sagten klar, dass die bisherige rot-grüne Koalition keine Mehrheit erhalten hatte. Die Wahlsiegerin hieß Angela Merkel – ihre CDU war stärkste Partei, die Wahl eines Koalitionspartners lag in ihren Händen. Schröder wurde von den Moderatoren im Laufe der Diskussion mit den Worten angesprochen »Herr Bundeskanzler, das sind Sie ja noch ...«, und reagierte darauf zur Verblüffung aller mit »Das bleibe ich auch«. Zwar habe er nach Prozentpunkten die Wahl verloren, doch niemand außer ihm sei in der Lage, eine stabile Regierung zu stellen, äußerte er. Auf den erneuten Einwand, mit dem erreichten Ergebnis könne er keine stabile Regierung aufstellen, entgegnete Schröder: »Natürlich kann ich das.« Jeglicher Widerspruch seitens der versammelten Runde prallte von ihm ab, und Schröder reagierte aggressiv auf weitere Nachfragen der Journalisten. Außerdem stellte Schröder noch die Frage, wer sich denn überhaupt vorstellen könne, dass seine Partei, die SPD, auf ein Gesprächsangebot der CDU eingehen würde, wenn Merkel Bundeskanzlerin werden wollte. Genau das jedoch geschah dann bekanntlich. Schröder musste aus dem Kanzleramt ausziehen und Merkel den Platz überlassen.

Später, als die Runde längst aufgelöst war, versuchte Gerhard Schröder, sein Verhalten damit zu rechtfertigen, dass er seine Worte taktisch gesetzt habe – er musste jedoch eingestehen, die Sache sei »suboptimal« gelaufen. Alkohol, wie nach der Runde teils vermutet, sei jedoch nicht der Grund für seine Äußerungen gewesen. Entscheidend für den befremdlichen Abend dürfte letztlich auch gewesen sein, dass Gerhard Schröder in seiner gefühlten Grandiosität den Gedanken vorerst nicht ertragen konnte, tatsächlich eine Wahl und vor allem sein Amt verloren zu haben. Die Form des Auftritts vor den Kameras war vermutlich keine taktische Entscheidung gewesen – vielmehr hatte offenbar die narzisstische Seite des damaligen Kanzlers ihm einen Streich gespielt. Nach den Anstrengungen des aufreibenden Wahlkampfs hatte er anscheinend die für ihn bittere Realität zunächst einmal noch nicht akzeptieren können. Hinter solchen Reaktionen verbergen sich oft sogenannte psychische Abwehrmechanismen, über die wir als Menschen verfügen. Abwehrmechanismen werden als das Immunsystem der Seele bezeichnet: Verleugnung und Realitätsverzerrung sind Formen davon, die wir einsetzen, um gewisse Dinge besser ertragen zu können.

Wenn wir in unserem persönlichen Umfeld nun einen narzisstisch geprägten Menschen ausmachen, bedeutet dies natürlich nicht automatisch, dass wir uns von einer solchen Person fernhalten müssen. Vielmehr gibt es auch sehr unterhaltsame und charmante Narzissten. Wie bei allen Persönlichkeitsstilen kommt es darauf an, wie deutlich der jeweilige Stil hervortritt. Bei Narzissten bedeutet das: Je stärker der Stil ausgeprägt ist, desto anstrengender kann es werden, weil das Gegenüber immer nur von sich erzählt. Man kann neben einem narzisstisch geprägten Platzhirsch sitzen, der mit endlosen Berichten eigener Erfolge langweilt. Mit etwas mehr Glück landet man neben einem in dieser Hinsicht weniger ausgeprägten Menschen, der mit faszinierenden Erzählungen unterhält. Ich bin aber davon überzeugt, dass ein guter Schuss Narzissmus für Politiker nicht schlecht ist. Sie haben oftmals anstrengende 16-Stunden-Tage, sie müssen Reden halten, sie müssen Wähler überzeugen – und dabei kann etwas Narzissmus durchaus hilfreich und motivierend sein.

Ein weiterer wichtiger Punkt im Umgang mit Narzissten: Grundsätzlich sind diese Personen durchaus zu Empathie, also Einfühlungsvermögen, fähig. Das heißt, meistens sind sie dazu in der Lage, Emotionen anderer zu erkennen und diese zu verstehen. Je stärker die narzisstische Seite jedoch ausgeprägt ist, desto geringer wird diese Fähigkeit, weil die eigene Person und Größe zu sehr ihren inneren Raum ausfüllen.

Narzissmus: Ich bin ein Star

Wirklich problematisch können extrem narzisstische Politiker oder Unternehmensführer dann werden, wenn sie notwendige Kurskorrekturen ihres Handelns nicht vornehmen können, weil ihnen ihre Außenwirkung so außerordentlich wichtig ist. Bei einem Seminar über Betrüger bin ich einmal mit einem Filialleiter einer kleinen Bank ins Gespräch gekommen, der mir von einem interessanten Fall erzählte, der diese Problematik verdeutlicht. Zu den Kunden seiner Bank zählte ein Unternehmerehepaar, von dem man wusste, dass beide hoffnungslos überschuldet waren. Trotzdem flog das Paar weiterhin erster Klasse in den Urlaub und präsentierte sich dem Umfeld als Mensch gewordene Erfolgsgeschichte. Vor allem dem Ehemann und Unternehmer war all das enorm wichtig: Er genoss es, seine Erfolge darzustellen und mit seinen Besitztümern zu prahlen. Der Filialleiter hatte lange nicht verstanden, wie dieser Mensch ein im Endeffekt so selbstzerstörerisches Verhalten an den Tag legen konnte und nicht auf Warnungen vor den Folgen reagierte. Erst das erlernte Verständnis der narzisstischen Persönlichkeit ermöglichte es dem Banker, das Verhalten seines Kunden einzuordnen, dem sein Ansehen in einem Kleinstadtumfeld so wichtig war, dass er dafür sogar sein Leben und das seiner Ehefrau ruinierte.

Der Narzisst und du
Vielleicht stellt sich manchmal die Frage: Wer sind die Menschen, die eine Beziehung mit einem destruktiven Narzissten eingehen und sich im Extremfall mit in den Abgrund ziehen lassen? Auch hier kann die Antwort unterschiedlich ausfallen, je nach Ausformung der narzisstischen Persönlichkeitsstruktur. Nicht selten zieht ein aufgrund seines Narzissmus erfolgreicher Mensch Bewunderer an. Menschen, deren Charakterstil sich eher in der Suche nach Nähe zu starken Persönlichkeiten ausdrückt, sonnen sich selbst im Erfolg des anderen oder genießen einfach den damit verbundenen Luxus und hohen sozialen Stand. Es kann sogar vorkommen, dass zwei Narzissten sich als

Paar finden. Solche Beziehungen sind oftmals nicht von Dauer. Vielleicht funktioniert es eine Weile, weil man getrieben von der sich wechselseitig spiegelnden Grandiosität tatsächlich Erfolge feiert. Am Ende wird die Gemeinsamkeit häufig daran zerbrechen, dass einer grandioser als der jeweils andere sein möchte.

Was hier wie bei allen Persönlichkeitsstilen ebenfalls gilt: Menschen mit einem sehr stark ausgeprägten Stil bleiben sich in positiver wie in negativer Hinsicht treu, sie werden sich nicht mehr sehr verändern. Personen mit einem weniger stark ausgeprägten Persönlichkeitsstil dagegen sind flexibler, sie können sich im Laufe der Zeit weiterentwickeln. Das kann dazu führen, dass eine zunächst funktionierende Beziehung zwischen einem ausgeprägten Narzissten und einem nur leicht abhängig geprägten Partner nach einer gewissen Zeit zerbricht, da die Anfangsvoraussetzungen für ein Funktionieren der Beziehung inzwischen nicht mehr gegeben sind: Der sich emanzipierende Partner gewinnt zunehmend an Selbstvertrauen und zieht weiter.

Das heißt im Umkehrschluss: Ein stark ausgeprägter Persönlichkeitsstil ist auch verbunden mit Unflexibilität und damit mit weniger Möglichkeiten, sich an Veränderungen anzupassen. Bei einer geringeren Ausprägung besteht dagegen mehr Flexibilität und die Fähigkeit, sich an neue Umstände oder Bedürfnisse anzupassen.

Partner, die beide über eine gewisse Anpassungsfähigkeit verfügen, kommen somit besser durch Krisen, während stark geprägte Charaktere hier deutlich geringere Chancen haben.

Es überrascht deshalb wenig, dass einige der ausgeprägten Alphafiguren in Politik und Wirtschaft auf eine bemerkenswerte Anzahl von ehemaligen Ehepartnern verweisen können.

So ist Gerhard Schröder in vierter Ehe verheiratet, der ehemalige Außenminister Joschka Fischer kommt sogar auf fünf Ehen. Und wer sich fragt, warum Fischer in Zusammenhang mit Narzissmus erwähnt wird: Fischer war während seiner Ministerzeit berühmt für sein Dozieren und zugleich berüchtigt für seine teils selbstherrliche Zusammenarbeit mit den Medien – nur zählt er zu den-

Narzissmus: Ich bin ein Star

jenigen, die ihren Persönlichkeitsstil besser verpacken können und so oftmals sympathisch wahrgenommen werden.

Diese Verpackungskunst ist ohnehin zu berücksichtigen, will man Menschen, die in der Öffentlichkeit stehen, anhand des Bildes beurteilen, welches sie in den Medien von sich vermitteln. Beobachtet man einen narzisstischen Menschen jedoch genauer und am besten abseits ihres öffentlichen und oft inszenierten Auftretens, wird man eher auf die wahre Persönlichkeit stoßen.

Für den persönlichen Kontakt mit starken Narzissten gilt vor allem: Vermeiden Sie Kränkungen. Und glauben Sie keinesfalls, dass Sie die Person grundlegend ändern können. Das sind zwei wesentliche Grundregeln.

Gerade weil Narzissten so kränkbar sind, sollte man aufpassen, dass man nicht ohne Not ihr Selbstwertgefühl attackiert. Dies sollte nicht nur aus Rücksicht auf diese Person geschehen, sondern vor allem, weil der Narzisst die Kränkung nicht vergisst und sich daraus ein langfristiger Konflikt entzünden kann.

Manchmal ist es daher ratsam, einfach Abstand zu halten. Denn man kann die narzisstische Persönlichkeit nicht ändern, und je stärker ausgeprägter diese ist, desto wahrscheinlicher ist es, dass die Person ohne Rücksicht auf Verluste ihren Weg der Grandiosität beschreitet. Wenn zwei ausgeprägte Narzissten in der Berufswelt aufeinandertreffen, kann es empfehlenswert sein, dass einer seine Karriere an einem anderen Ort fortsetzt. Sonst wird es fast zwangsläufig zu Auseinandersetzungen kommen, deren Ausgang ungewiss ist.

Was bei Narzissten mitunter zu einem Problem heranwachsen kann, ist das Thema Alter. Mit zunehmenden Jahren fühlen sich manche Narzissten in ihrer Grandiosität durch die Begleiterscheinungen des Alters in ihrem Selbstwert angegriffen. Ich möchte dies erneut anhand eines Beispiels aus meiner Praxis verdeutlichen. In einem Unternehmen gab es einen Mitarbeiter, der bereits seit den Siebzigerjahren dort beschäftigt war. Er hatte keine herausragende Stellung inne. Dennoch war er intern berüchtigt, weil er sich etwa bei Unternehmensfeiern immer neben die Vorstände oder andere hochrangige Personen setzte und sich mit ihnen als gefühlt gleichrangiger Mitarbeiter auf Du-Ebene unterhielt. Daneben war dieser Mann seit Langem in der Fußballmannschaft des Unternehmens aktiv, wo er sich trotz seines inzwischen fortgeschrittenen Alters weigerte, in der Seniorengruppe zu spielen. Als er schließlich sehr offen zum Wechsel in die ältere Mannschaft aufgefordert wurde, reagierte der narzisstische Mitarbeiter ausgesprochen aggressiv. Allgemein wurde der Mann als umso aggressiver geschildert, je älter er wurde.

Seine Selbstwahrnehmung klaffte schon früh weit auseinander zwischen seiner eher einfachen Tätigkeit und der herausragenden Rolle, in der er sich selbst in dem Unternehmen sah. Je älter er wurde, desto mehr fiel er dadurch auf, dass er sich immer häufiger mit Statussymbolen wie teuren Autos und exklusiver Kleidung zeigte, bei denen seine Kollegen sich fragten, wie er sich dies überhaupt leisten konnte.

Das Bedürfnis nach Bewunderung und einer Sonderrolle führte am Ende sogar dazu, dass der Mann Manager des Unternehmens mit der Drohung zu erpressen versuchte, er werde über vermeintlich unangenehme Dinge auspacken. Zudem drohte er ihnen sogar verdeckt Gewalt an. Unsere kriminalpsychologische Analyse ergab allerdings, dass von dem Mitarbeiter keine Gefahr ausging. Er wurde schließlich entlassen. Das Beispiel zeigt jedoch, wie weit das Bedürfnis eines Narzissten gehen kann, etwas Besonderes zu sein. Teure Statussymbole sollen die verlorene Jugend ersetzen. Am Ende wird schließlich eine lange und stabile berufliche Laufbahn aufs Spiel gesetzt, um mit kriminellen Methoden die nötigen Mittel für weitere Statussymbole beschaffen zu können. Die Tat wurde aus dem Gefühl heraus begangen, dass dem Mitarbeiter all das zustehe, was er sich nehmen wollte. Wenn die narzisstische Dynamik selbstzerstörerisch wird, hat sie oft eine große Tragik.

Und genau in dieser Überzeugung, dass ihr eine Sonderrolle zustehe, liegt in extremen Fällen ein zentrales Problem der narzisstischen Persönlichkeit.

Integrität: Was uns Grenzen überschreiten lässt

In Sachen zu Guttenberg und Middelhoff

Integrität ist kein Persönlichkeitsstil – aber ein Indiz, wozu wir mit unserer Persönlichkeit letztendlich fähig sind und wozu nicht. Der Begriff Integrität wird oft missverstanden. Tatsächlich steht dahinter ein Zusammenwirken von mehreren positiven Persönlichkeitseigenschaften. Was jedoch kaum jemand weiß, ist, dass sich Integrität messen lässt. In den letzten Jahrzehnten wurden zahlreiche psychologische Testverfahren entwickelt, mit deren Unterstützung integre von nicht integren Charakteren unterschieden werden sollten – nicht zuletzt für militärische Zwecke. So erhielt ein amerikanischer Militärpsychologe im Zweiten Weltkrieg den Auftrag, ein Verfahren für die Rekrutierung von Soldaten zu entwickeln. Das sollte unter anderem Personen mit kriminellem Hintergrund erkennen und sie somit ausschließen – was zum ersten Integritätstest überhaupt führte. Nach dem Ende des Weltkriegs hielten verfeinerte Versionen des Verfahrens dann auch in der Privatwirtschaft Einzug. Vor allem in den USA ist es inzwischen bei rund jeder zweiten Bewerbung üblich, dass ein Integritätstest durchgeführt wird. In Europa dagegen waren solche Tests bis vor Kurzem noch nahezu unbekannt. Denn die Psychologie hat lange um das Thema Integrität einen Bogen gemacht, da man der festen Meinung war, derartige Tests funktionierten nicht und könnten auch gar nicht funktionieren. Irgendwann begannen Wissenschaftler jedoch, die Ergebnisse solcher Tests zu überprüfen, und stellten fest – sie funktionieren sogar ziemlich gut. Man wusste zwar noch nicht wirklich, warum, aber dass sie funktionierten, war offensichtlich. Dies führte wiederum dazu, dass das Thema Integrität an Bedeutung gewinnen konnte. Integrität an sich ist ein Zusammenspiel verschiedener Faktoren: Dazu zählt Verlässlichkeit ebenso wie Gewissenhaftigkeit und Leistungsbereitschaft. Es handelt sich also um eine psychologische Dimension, die sich aus verschiedenen psychischen Aspekten zusammensetzt. Interessant daran ist Folgendes: Egal, ob jemand zum Beispiel am Arbeitsplatz ein aggressives Verhalten zeigt, oder ob er es mit den Pausenzeiten nicht so genau nimmt – wer auch nur ein einziges solches nicht integres Verhaltensmuster zeigt, hat eine deutlich höhere Wahrscheinlichkeit, dass er noch weitere nicht integre Verhaltensweisen aufweist.

Allem Anschein nach verbirgt sich hinter dem Begriff Integrität die Antwort auf die Frage, wie sehr ein Mensch dazu bereit ist, Grenzen zu überschreiten – oder wie wenig es ihn andererseits interessiert, was die Folgen seines Handelns für andere sind. Menschen mit niedriger Integrität ist es also egal, wenn andere zu Schaden kommen.

Meine Kollegen und ich haben uns sehr intensiv mit dem Thema Integrität beschäftigt, und das seit vielen Jahren. Begonnen hat diese Beschäftigung mit dem Thema mit der Einführung des Euro. Geldtransportunternehmen hatten uns gefragt, warum gerade sie von eigenen Mitarbeitern so oft überfallen oder bestohlen wurden. In dem Zusammenhang kam selbstverständlich auch die Frage auf, was die Unternehmen dagegen machen könnten. Und wie es zu schaffen sei, dass nicht ausgerechnet die Leute eingestellt würden, die später mit der Waffe in der Hand dastehen und »Überfall« rufen. Bei der Recherche in der Fachliteratur sind wir damals überhaupt erst auf den Begriff Integrität gestoßen und waren ziemlich überrascht. Daraufhin haben wir mit wissenschaftlicher Unterstützung der Arbeitsstelle für Forensische Psychologie an der TU Darmstadt sowie der Universität Regensburg einen eigenen Psychologischen Integritätstest entwickelt, der kurz und knapp PIT genannt wird. Genutzt wird dieser Test vor allem in der Personalauswahl bei Unternehmen. Gerade wenn es um die Besetzung von Positionen mit viel Verantwortung geht, hilft der Integritätstest, um unter einer Vielzahl von Bewerbern recht schnell die besonders vertrauenswürdigen und verantwortlich handelnden Personen herauszufiltern.

Im Rahmen des PIT werden einer Person insgesamt 99 Fragen beziehungsweise Aussagen vorgelegt. Die werde ich natürlich nicht alle nennen. Zum einen würde das den Rahmen sprengen, zum anderen ist es nicht sinnvoll. Denn wären alle Fragen bekannt oder würden im Internet kursieren, würde das ja dem eigentlichen Sinn und Zweck des Vorhabens entgegenwirken. Gerade ein Mensch mit geringer Integrität könnte versuchen, durch das Studium von Fragen das Ergebnis des Tests zu manipulieren, wobei er sich selbst ein Bein stellen würde, da unser Test Manipulationen entlarven kann.

Um den Inhalt des Tests zu veranschaulichen, nenne ich zumindest drei Beispiele für Fragen beziehungsweise Aussagen.

- Wenn ich will, kann ich Ängste und Sorgen einfach aus meinem Kopf verbannen.
- Ich arbeite lieber mit anderen zusammen, als mit ihnen im Wettstreit zu stehen.
- Ich bin eher ein vernünftiger als ein abenteuerlicher Typ.

Zu jeder dieser Aussagen muss der Proband ein Antwortfeld markieren, wobei er unter jeweils vier Antwortkategorien wählen kann, die von »trifft völlig zu« bis »trifft überhaupt nicht zu« reichen. Durch die Auswertung der Antworten werden bestimmte Einschätzungen über die Testperson beziehungsweise den Bewerber getroffen. Wir schätzen auf dieser Basis beispielsweise ein, ob die Person ausdauernd und konzentriert arbeiten kann, ob sie ihre eigenen Interessen über die anderer stellt und natürlich, wie integer sie ist. All das lässt sich aus den Antworten auf die Fragen des PIT-Tests herauslesen.

Natürlich sehen manche Menschen einen derartigen Test kritisch. Ich wurde sogar schon gefragt, ob wir so nicht manche Bewerber in ein negatives Licht rücken. Dies ist eine Frage, die meiner Meinung nach in die Irre führt beziehungsweise falsch herum gestellt ist. Denn eine Person mit einem hohem Integritätsfaktor ist mit sehr großer Wahrscheinlichkeit zuverlässig, und sie ist dem Unternehmen gegenüber loyal. Aber: Ich würde ja niemanden als grundsätzlich faul oder als Arbeitsverweigerer abstempeln, nur weil er beispielsweise bei einem Leistungstest nicht gut abgeschnitten hat.

Doch kommen wir zum wesentlichen Aspekt. Und das ist die Tatsache, dass wir schnell feststellen konnten, dass der Test wirklich gut funktioniert. Bestätigen ließ sich das nicht zuletzt dadurch, dass wir in Gefängnisse gegangen sind und Insassen mit einschlägigen betrügerischen Auffälligkeiten unsere Fragebögen vorgelegt haben. Das war eine äußerst interessante Erfahrung. Nicht nur wegen der Testergebnisse, sondern auch wegen der persönlichen Kontakte zu ausgewiesenen Betrügern, die sich im persönlichen Gespräch häufig sehr charmant und schmeichlerisch zeigten – was natürlich Teil ihres Wesens und ihrer manipulativen Praktiken war, die sie hinter Gitter gebracht hatten. Es handelte sich um sehr interessante und eindrucksvolle Gespräche – und um eine sehr aufschlussreiche Erfahrung im Hinblick auf das Thema Integrität.

Neben solchen Untersuchungen hinter Gefängnismauern haben wir auch normale Menschen befragt, etwa dazu, ob sie schon einmal etwas am Arbeitsplatz mutwillig beschädigt haben, oder ob sie bereits einmal etwas von ihrem Arbeitgeber mitgehen ließen. Schlussendlich konnten wir auf diese Weise eine Reihe von Integritätsdimensionen beziehungsweise -faktoren herausarbeiten und diese in unser Testverfahren einfließen lassen. Wichtig zu wissen ist, dass Integrität verschiedene Facetten besitzt. Das bedeutet, dass sich hohe oder geringe Integrität nur aus dem Zusammenspiel verschiedener Faktoren erkennen lässt.

Einer dieser Faktoren ist der schon behandelte Punkt des Narzissmus, also die Frage, wie wichtig es einer Person ist, dass sie im Mittelpunkt steht. Ist dieser Narzissmus eingebettet in bestimmte andere positive Dimensionen, stellt er kein Problem dar. Es gibt aber auch andere Faktoren, die gemeinsam mit dem Narzissmus zu einer niedrigen Integrität führen können. Denn jemand, der glaubt, dass ihm Sonderrechte zustehen, kann zu der Überzeugung gelangen, dass er etwas verdient, das ihm eigentlich gar nicht gehört.

Ein anderer wichtiger Punkt ist das sogenannte Thrill-Seeking, also die Frage, ob eine Person einen gewissen Nervenkitzel mag. Das kann sich prosozial, aber auch gegenteilig ausdrücken. Eine Kollegin von mir etwa hat einen sehr hohen Integritätswert, sie mag aber auch riskante Sportarten wie Fallschirmspringen oder Rafting – sie setzt ihre Lust am Thrill-Seeking also prosozial ein. Problematisch wird die Lust am Nervenkitzel, wenn ein Mensch sie in einer Form sucht, in der es beispielsweise um Diebstahl und das Nicht-entdeckt-Werden geht. Bei der Bemessung der Integrität geht es also immer um die Bewertung mehrerer Faktoren.

Und noch etwas: Nicht integre Menschen sind nicht automatisch Betrüger, sie haben jedoch eine gewisse Anfälligkeit, Gelegenheiten zu ergreifen, wenn sie sich ihnen bieten. Lange dachte man in diesem Zusammenhang nach dem Motto «Gelegenheit macht Diebe». Das ging noch bis in die Achtzigerjahre so weit, dass man davon ausging, wenn irgendwo unbeobachtet ein Geldschein auf dem Tisch liegt, würde jeder Mensch regelrecht magisch von der gefahrlosen Chance auf Zugewinn angelockt, und er würde den Geldschein wirklich einstecken.

Heute wissen wir, dass diese Annahme in einer solchen schwarzweißen Ausprägung falsch ist. Die meisten Menschen sind integer – und zwar auch in Momenten wie dem beschriebenen Beispiel, in dem sie die Möglichkeit hätten, ein nicht integres Verhalten an den Tag zu legen. Das ist ein sehr wichtiger Aspekt, denn lange ließ man im Hinblick auf die Integrität eines Menschen seine Persönlichkeitsaspekte außen vor. Natürlich spielt es eine Rolle, ob ein Mensch befürchtet, bei nicht integrem Verhalten erwischt zu werden – viel wichtiger sind am Ende jedoch gerade besagte Persönlichkeitsdimensionen.

Der mächtigste Faktor, wenn wir von Integrität reden, ist der der Wertvorstellungen. Jemand, der sich an Werten orientiert und sie für normal hält, ist sehr gut gegen nicht integres Handeln geschützt. Jemand, der sagt »Der Ehrliche ist der Dumme«, »In dieser Welt muss man schauen, wo man bleibt« oder »Wenn die anderen die Ellenbogen ausfahren, kann ich das auch«, rechtfertigt für sich damit ein auch nicht integres Handeln.

Als wir unseren Integritätstest damals veröffentlichten, bekamen wir Besuch von einem Mitarbeiter eines ausländischen TV-Senders – besser gesagt von einer Person, die behauptete, Mitarbeiter eines solchen Senders zu sein. Diese Person wollte quasi als Selbstversuch vor der eigenen laufenden Kamera den Integritätstest ausfüllen. Er tat das sehr offen, da er die Fragen laut vorlas und ebenso seine Antworten, die er zusätzlich noch kommentierte. Ich hatte schon eine Ahnung, dass die Sache nicht gut ausgehen würde. Tatsächlich waren die Ergebnisse des Integritätstests ausgesprochen schlecht.

Nach dem Absolvieren des Tests verschwand der Mann sehr schnell. Ich habe niemals einen TV-Bericht von ihm gesehen, auf E-Mails hat er nicht reagiert. Auch die Adresse seines TV-Senders ließ sich nicht finden. Ich habe nie wieder etwas von ihm gehört. Was ich damit sagen will: Der Mann hat offen und ehrlich geantwortet, und er hat die schlechten Ergebnisse schlicht weggelacht – kurz darauf hat er mit seinem Verhalten dann aber eindrucksvoll bewiesen, wie exakt die Testergebnisse stimmten. Vielleicht war er gar kein echter Journalist, sondern verfolgte andere Absichten. Damals war bekannt, dass sich Wirtschaftsspionage oftmals unter dem Deckmantel des Journalismus versteckte.

Ein weiterer sehr mächtiger Faktor ist etwas, das wir als Neutralisierung oder Rationalisierung beschreiben. Dahinter verbergen sich Aussagen, die wir alle kennen. Ein Beispiel wäre ein Satz wie »Eigentlich macht das ja jeder so«, mit dem wir uns eine Handlung schönreden. Wenn wir also etwas machen, von dem wir grundsätzlich wissen, dass es nicht in Ordnung ist, fangen wir an, uns diese

Handlung selbst zu erklären und sie in einem besseren Licht darzustellen. »Es handelt sich ja um eine absolute Ausnahme«, »So etwas würde ich sonst niemals machen« – und so weiter und so fort. Das bedeutet: Wir müssen unser Verhalten nicht nur vor anderen, sondern immer auch vor uns selbst rechtfertigen. Jemand, dem genau das leicht gelingt oder der gerne anderen die Schuld gibt, der ist schlussendlich anfälliger für nicht integres Handeln. Man spricht in solchen Fällen von Gelegenheitsergreifern; Menschen mit niedrigem Integritätsfaktor sind für das Ergreifen sich bietender Gelegenheiten deutlich anfälliger. Jemand mit hohem Integritätswert käme andererseits nicht einmal auf die Idee, die Gelegenheit für nicht integres Verhalten zu nutzen. Daher muss es nicht heißen »Gelegenheit macht Diebe«, sondern »Gelegenheit ermöglicht Diebe«. Eine Gelegenheit kreiert also derartiges Verhalten nicht.

Ein sehr gutes Beispiel für eine als Gelegenheitsergreifer beschriebene Person stellt Karl-Theodor zu Guttenberg dar – der ehemalige deutsche Verteidigungsminister, der über die Plagiatsaffäre im Zusammenhang mit seiner Doktorarbeit stolperte und daraufhin sein Amt verlor. Dass Guttenberg den Drang besaß, etwas Besonderes zu sein, ließ sich schon in Interviews mit ihm feststellen – er hat es nämlich nicht sehr diskret verborgen. Da gab es etwa einen Afghanistan-Besuch, der fast wie eine Fernsehshow inszeniert wurde und den manche Medien folgerichtig als Guttenberg-Show bezeichneten. Der Freiherr flog nicht einfach nach Afghanistan und sprach mit den Truppen. Mit dabei war unter anderem Fernsehmoderator Johannes B. Kerner, der den Minister auf einer zwischen Militärhubschraubern und Flugzeugen eigens aufgebauten Bühne zum Gespräch bitten durfte. Man muss natürlich einräumen, dass Guttenberg ein für einen Politiker sehr charismatisches Auftreten hatte. Vor allem aber wurde nicht zuletzt durch die Show am Hindukusch ersichtlich, dass Außenwirkung für Guttenberg einen sehr hohen Stellenwert besaß.

Als zu Beginn des Jahres 2011 die Verdächtigungen hinsichtlich seiner Doktorarbeit öffentlich diskutiert wurden, stritt er zunächst einmal alles ab. Das stellte sich hinsichtlich des Krisenmanagements als schlicht katastrophal heraus. Weil ihm seine Außenwirkung so wichtig war, äußerte er sich immer wieder in Form von Rationalisierungen. Dieser Begriff steht in der Psychologie dafür, dass Erlebtem nachträglich vernünftig erscheinende Erklärungen zugeschrieben werden. Im Fall Guttenberg drückte sich das so aus, dass er die ihm vorgeworfenen Plagiate etwa derart erklärte, er habe an unterschiedlichen Orten unterschiedliche Datenträger genutzt und sei so am Ende einfach durcheinandergekommen, welche Inhalte von ihm und welche von anderen stammten. Zudem habe seine Familie massiven Druck auf ihn ausgeübt. Alles zusammen ist dies ein Beispiel für massive Rationalisierungsversuche, die vermutlich eine Integritätsdimension seiner Persönlichkeit darstellen. Zeitgleich kam dabei seine Überzeugung zum Ausdruck, ihm stünden gewisse Sonderrechte zu. Der Fall zeigt deutlich, wie jemand in der Lage ist zu glauben, ihm stehe alles zu und Rechte und Regeln gälten nur für die anderen – aber nicht für ihn. Der ausgeprägte Narzissmus allein würde im Fall Guttenberg nicht als Erklärung ausreichen. Hinzu kamen noch Rationalisierungsstrategien im Hinblick auf das eigene Handeln, wie das Verharmlosen und Rechtfertigen.

Ein weiteres Beispiel für das Rationalisieren des eigenen Tuns ist Peter Hartz, der vor allem für die nach ihm benannten Gesetze zur Reform des Arbeitsmarkts bekannt ist. Gegen ihn wurde ab 2006 in Zusammenhang mit der sogenannten VW-Korruptionsaffäre und zudem wegen des Verdachts der Untreue ermittelt. Schließlich verurteilte ihn ein Gericht zu einer Strafe von zwei Jahren auf Bewährung sowie zu einer Geldstrafe von mehr als 500 000 Euro.

Peter Hartz werden Zitate zugeordnet wie »Wenn es irgendwo brannte, musste ich dorthin ... Ich habe ein funktionsfähiges Unternehmen hinterlassen, in dem die Ressource Mensch gut aufgestellt ist ... Ich habe mich nie auf Kosten von Volkswagen amüsiert ... Dann aber flog ich mit meiner Entourage, die ich als Konzernvorstand nun mal immer dabeihatte, weiter, denn ich hatte einen sehr dicht gedrängten Terminkalender ... In juristischer Sicht sind meine großen Verdienste hinsichtlich der Vermehrung des Aktienvermögens nicht gegen die von mir veranlassten Zahlungen aufzurechnen.« Auch dies sind gute Beispiele für Rationalisierungen: Was ich Falsches getan habe, ist ja nichts im Vergleich zu meinen großen Leistungen für das Unternehmen. Das Gefühl von persönlicher Besonderheit wird ebenfalls zum Ausdruck gebracht, wenn Hartz davon spricht, dass er mit seiner Entourage wie selbstverständlich reist. Sowohl Guttenberg als auch Hartz sind damit auch Beispielfälle für Auffälligkeiten beim Thema Integrität. Damit will ich keinesfalls sagen, dass ich beide für Betrüger halte – mir geht es um die Anfälligkeit mancher Menschen, in bestimmten Situationen Gelegenheiten zu ergreifen, die nicht immer unproblematisch sind.

Schaut man sich einmal allgemein Fälle an, in denen es um Menschen geht, die in Skandale verwickelt sind, findet man eigentlich immer derartige Auffälligkeiten. Auch der Fall des Thomas Middelhoff passt sehr gut in diesen Zusammenhang – und einmal mehr tritt hier eine extreme narzisstische Persönlichkeit deutlich hervor. Bei dem ehemaligen Bertelsmann- und Arcandor-Manager zeigte sich in seinem gesamten Verhalten das Gefühl, dass ihm Sonderrechte zustünden. Als Middelhoff von dem inzwischen pleitegegangenen Arcandor-Konzern vor Gericht gebracht wurde, ging es um 1,1 Millionen Euro, die der einstige Chef veruntreut haben sollte. Ein Thema in dem Zusammenhang waren Flüge mit Flugzeug und Hubschrauber zwischen den Städten Bielefeld und Essen und damit zwischen Wohnort und Arbeitsplatz. Die Kosten für die Flüge rechnete der Manager über die Firma ab und fand das völlig selbstverständlich. Zwar sind beide Städte gerade einmal 150 Kilometer und eineinhalb Autostunden Fahrt voneinander entfernt, doch rechtfertigte Middelhoff die Fliegerei damit, dass er mit dem Auto immer wieder im Stau stehen würde und die schnelle Anreise auf dem Luftweg daher im Sinne des Unternehmens gewesen sei.»Der Chef muss an Deck sein und in stürmischer See das Ruder in der Hand halten«, erklärte Middelhoff vor Gericht.

Sein Verhalten während des gesamten Verfahrens zeigte bei aller persönlichen Tragik, wie wichtig für ihn die Außenwirkung war, wie sehr er darauf achtete, dass er gut dastand. Das drückte sich zudem aus in seinem nicht sonderlich erfolgreichen Verteidigungsverhalten – so zeigte er etwa keinerlei Reue und lenkte nicht ein.

Mit seiner narzisstischen Grandiosität hatte der Erfolgsmensch Middelhoff in früheren Jahren Leute mitreißen und begeistern können. Sie führte aber schlussendlich dazu, dass er einen großen Teil seines Lebens regelrecht gegen die Wand fuhr. Gerade das ist das Tragische an derart extrem narzisstischen Persönlichkeiten: Sie können so überzeugend wirken, dass sie Menschen mit sich ziehen. Häufig gibt es dabei im Umfeld zwar andere, die durchaus mitbekommen, dass da etwas nicht in Ordnung ist. Aber gerade diese trauen sich oft nicht, ihre berechtigten Zweifel zum Ausdruck zu bringen.

Middelhoff konnte sicher Erfolge vorweisen, doch durch sein Auftreten und dadurch, dass er, bildlich gesprochen, um sich trat, hinterließ er immer wieder auch großen Schaden. Middelhoff ist insgesamt ein sehr gutes Beispiel für einen sehr entgrenzten Narzissmus, der andere und letztendlich die agierende Person selbst schädigt. Da solche narzisstischen Persönlichkeiten oftmals eine gewisse Ausstrahlung besitzen, neigen wir dazu, nicht genau auf das zu achten, was sich wirklich dahinter verbirgt. Genau dafür steht die Person Middelhoff beispielhaft.

Seine Flucht aus dem Gerichtssaal, bei der er aus dem ersten Stock sprang, um den Medienvertretern auszuweichen, und dass er die Aktion selbst mit »wie die Katze auf dem heißen Blechdach« beschrieb, unterstreicht, dass bei ihm der Narzissmus regelrecht durch alle Poren dringt.

Die Frage, die sich dabei stellt, ist, wie solche Persönlichkeiten mit einer bevorstehenden langjährigen Haftstrafe fertigwerden. Natürlich kann das in diesem Fall niemand exakt vorhersagen. Was wir jedoch wissen, ist, dass derart narzisstisch ausgeprägte Persönlichkeiten in ein sehr tiefes Loch fallen können, da ihr gesamter

Selbstwert davon abhängt, dass andere ihnen Bewunderung zollen. Bricht aber alles zusammen, kann das zu sehr schweren Krisen führen.

Auch auf das Umfeld kommt es an

Was zu dem Thema beziehungsweise der Kombination aus Gelegenheitsergreifern und narzisstischen Tendenzen auch noch zu sagen ist: Es geht nicht immer nur um Einzelfälle. Manchmal führen bestimmte Entwicklungen dazu, dass ganze Gruppen entsprechender Persönlichkeiten zutage treten und zudem ein Umfeld erschaffen, das die grundsätzlichen Problematiken noch verstärkt oder erst möglich macht. Die Bankenkrise etwa produzierte mit einem kollektiven Element ein derartiges Umfeld, das stark narzisstische Persönlichkeiten nach oben kommen ließ. Es gab sozusagen einen Schub für problematische Persönlichkeiten und Persönlichkeitszüge, die sich stärker durchsetzen konnten. Hinzu kam als weiterer Faktor die vorherrschende Ideologie, in der sich diese Persönlichkeiten vornehmlich bewegten. Diese Ideologie drückte sich aus in einem »weiter, höher – wir können alles«. So nannten sich die Top-Broker der Banken sogar »Masters of the Universe«. Alles war erlaubt, solange es Geld einbrachte. Verschärft wurde dies noch dadurch, dass nicht nur freie Bahn für entsprechende Persönlichkeiten gegeben war. Auch Raum für Rationalisierung und damit die nachträgliche Rechtfertigung des eigenen Handelns war gegeben gemäß dem Motto: »Wenn die anderen sich die Taschen vollstopfen, darf ich das natürlich auch.«

Kürzlich traf ich nach vielen Jahren einen alten Bekannten wieder, der mir erzählte, dass er zuletzt lange in einer Bank gearbeitet habe. Er berichtete davon, wie man sich dort lange die eigenen Taschen füllte. Auf meine Frage, ob er selbst während dieser Zeit unmoralisch gehandelt habe, antwortete er nach einigem Zögern, dass er wahrscheinlich wirklich unmoralisch vorgegangen sei. Nun ist dieser Bekannte grundsätzlich keine ausgeprägt narzisstische Persönlichkeit, und er ist nie dadurch aufgefallen, dass er etwa andere ausbeutete. Dass er so handelte und sich selbst auf diese Weise bereicherte, zeigt aber, wie wichtig eben das Umfeld und dessen Ideologie sind. Ein Mensch, der sich in einem sogenannten Rechtfertigungsraum befindet – in diesem Fall ein Umfeld, in dem es allein darum geht, möglichst viel Geld zu verdienen –, kann von anderen, deutlich narzisstischer geprägten Persönlichkeiten regelrecht mitgezogen werden – und dann ebenfalls in entsprechende Verhaltensweisen verfallen. Es kommt also zu einer Art kollektiver narzisstischer Dynamik.

Psychopathie: Gefühlskälte und Dominanz

Wenn Machtgier das Herz ersetzt

Psychopathen oder psychopathische Persönlichkeiten lassen sich umgangssprachlich als gefühlskalte Menschen bezeichnen. Emotionen sind ihnen fremd. Lange wurden sie daher fast ausschließlich im Zusammenhang mit Begriffen wie Mörder oder Serienmörder gesehen. Es gab jahrelang kaum einen Krimi, der ohne einen solchen psychopathischen Mörder auskam. Ein Grund dafür ist, dass der Persönlichkeitsstil des Psychopathen in vergangenen Jahrzehnten fast ausschließlich in Gefängnissen untersucht wurde – und dort traf man eben auf einen hohen Anteil psychopathischer Gewaltverbrecher, auf die man sich schließlich fokussierte.

Das führte dazu, dass man über Dekaden gar nicht mehr über Psychopathen in der Gesellschaft nachdachte und daher auch die Forschung nicht voranbrachte. Heute wissen wir, dass wir psychopathischen oder gefühlskalten Persönlichkeiten im Alltag und in der Gesellschaft regelmäßig begegnen: Etwa ein bis zwei Prozent der Bevölkerung tragen entsprechende Züge, und die wenigsten von ihnen sitzen im Gefängnis.

Auch wenn die entsprechende Forschung zunächst vernachlässigt wurde, gab es schon früh Veröffentlichungen, die das Thema abseits des Bildes vom psychopathischen Mörder behandelten. So veröffentlichte der amerikanische Psychiater Hervey M. Cleckley bereits 1941 sein Buch *The Mask of Sanity – Die Maske der Normalität*, das eine frühe Studie über Psychopathen darstellt, die nicht zwangsläufig einem kriminellen Typus zugehören. Cleckley beschrieb in diesem bis heute sehr einflussreichen Werk »normale« Psychopathen und damit Menschen, die in der Gesellschaft leben. Cleckleys Vorstellung vom Psychopathen und seinem Wesen ist immer noch sehr aktuell – nur ging sie zwischenzeitlich unter, weil man fast ausschließlich auf die Gewalttäter blickte.

Erst seit rund zehn Jahren betrachtet man wieder genauer diese normalen Psychopathen. Geschuldet ist das einem weiteren Buch von Paul Babiak und Robert D. Hare mit dem Titel *Snakes in Suits: When Psychopaths go to Work*, das sich mit Psychopathen im Alltag und auch in der Wirtschaftswelt beschäftigt.

Grundsätzlich ist Psychopathie ein sehr besonderer Persönlichkeitsstil, auch aus dem Grund, dass er vermutlich stark biologisch verankert ist. Psychopathische Persönlichkeiten zeichnen sich einfach ausgedrückt dadurch aus, dass sie langsamer ticken als andere Menschen. Gemeint ist damit nicht ein langsameres Denken, sondern ein deutlich niedrigeres Erregungsniveau. Dieser Umstand ist der Grund dafür, dass Psychopathen kaum Angst kennen: Wird ein Psychopath tatsächlich einmal nervös, ist der Rest der Welt bereits vollkommen herunter mit den Nerven. Solche Menschen sind tatsächlich das, was man als cool bezeichnet. Sie sind nicht aus der Ruhe zu bringen und emotional kühl.

Es gibt ein klassisches Experiment, mit dem sich eine solche Gefühlslage deutlich machen lässt. Man setzt dabei Menschen vor einen Bildschirm, auf dem manchmal vollständige Wörter erscheinen, immer wieder aber auch einfach nur sinnlose Silben. Der Proband muss nun immer dann auf einen Knopf drücken, wenn er ein wirkliches Wort zu erkennen glaubt. Die Forscher beobachten dabei zum einen, wie schnell reagiert und auf den Knopf gedrückt wird, zum anderen messen sie, wie stark die Gehirnströme ausschlagen.

Bei nicht psychopathischen Personen fiel dabei ein deutlicher Unterschied während des Erkennens der Begriffe »Blatt« und »Tod« auf. Beim Wort »Tod« war sowohl die Geschwindigkeit, mit der auf den Knopf gedrückt wurde, als auch der Ausschlag deutlich höher. Der Grund: Tod ist ein emotional negativ besetzter Begriff.

Psychopathie: Gefühlskälte und Dominanz

Bei den Psychopathen sah die Sache allerdings deutlich anders aus. Bei ihnen ließ sich kein Unterschied zwischen der Reaktion auf »Blatt« oder auf »Tod« feststellen. Das zeigt, wie tief die Nichtemotionalität und die Angstfreiheit in solchen Persönlichkeiten verankert sind.

Falsch ist wiederum der Mythos des hochintelligenten psychopathischen Täters, der nicht zuletzt auf der Romanfigur des kannibalistischen Serienmörders Hannibal Lecter fußt. Tatsächlich gibt es hochintelligente Psychopathen, es gibt aber auch ausgesprochene Dumpfbacken darunter – genau wie beim Rest der Menschheit. In dieser Hinsicht lässt sich kein Unterschied feststellen.

Aber kehren wir von den Mördern wieder zurück zu den sozial kompetenten Psychopathen. Die Feststellung, dass Psychopathen gefühlskalt und emotionslos sind, bedeutet nicht, dass sie überhaupt keine Emotionen kennen. Was sie besitzen, sind sogenannte Proto-Emotionen, die sich beim Menschen früh entwickeln. Dazu zählt die Fähigkeit, sich zu ärgern oder auch über etwas zu freuen.

Weil das aber schon alles an Emotionen ist, lernen gerade die erfolgreichen Psychopathen das Vorspielen jener Gefühle, mit denen andere ausgestattet sind. Sie beginnen meist schon im Kindesalter damit, die Gefühle und Gefühlsausdrücke anderer zu lesen – und sie schließlich nachzumachen. Sie lernen aus der Körperhaltung ihres Gegenübers oder aus dessen Gesichtsausdrücken. Das führt dazu, dass sie im Endeffekt sehr gut oder sogar nahezu perfekt Emotionen nachahmen können. Psychopathen selbst erleben die Unfähigkeit, Emotionen zu erleben, übrigens nicht als Nachteil. Sie denken nicht, dass ihnen etwas fehlt. Spricht man mit ihnen, erzählen sie vielmehr vom Empfinden einer großen Freiheit und Unabhängigkeit, weil sie nicht von Stimmungen und Schwingungen beeinflusst sind, die sie bei anderen Menschen sehen.

Dass sie oft so gut im Ausdrücken gespielter Emotionen sind, hat zur Folge, dass es Fälle von Personen gibt, die über Jahre mit einer psychopathischen Persönlichkeit verheiratet waren, ohne dass sie genau das überhaupt bemerkten. Sie haben den Partner sogar als

Menschen entschlüsseln

sehr einfühlsamen Menschen wahrgenommen, obwohl alles nur vorgespielt war.

Psychopathen wären mit dieser Fähigkeit im Grunde perfekte Schauspieler, nur würde sie eine solche Arbeit vermutlich bald langweilen. Was sie allerdings manchmal mögen, ist das Übernehmen einer anderen Rolle, das Schlüpfen in eine andere Identität. Dies geschieht nicht alleine aus Spaß oder wegen des Rollenwechsels an sich. Immer verbirgt sich dahinter das eigentliche Motiv einer solchen Persönlichkeit, ihre psychologische Handschrift. Und die drückt sich bei der psychopathischen Persönlichkeit aus im Streben nach Macht und Dominanz. Der Psychopath sieht sich selbst als Jäger und die anderen Menschen als Opfer. Das Schlüpfen in eine andere Rolle dient daher eher der Manipulation des Umfelds.

Was Psychopathen ebenso mögen, ist die Demütigung anderer. Das ist ein Faktor, der sie von Narzissten unterscheidet: Narzissten müssen andere nicht demütigen, ihnen reicht das Gefühl der Überlegenheit aus. Wenn sie andere kleinmachen, geschieht dies meist, weil sie sich selbst gekränkt oder nicht ernst genommen fühlen. Der Psychopath dagegen liebt schlichtweg das Gefühl der Dominanz und der Demütigung anderer.

Ein psychopathischer Betrüger berichtete einmal, wie er mit einem anderen Mann sehr gezielt und manipulativ eine Beziehung aufbaute, die von Anfang an nur der Ausbeutung diente – ein Beispiel der schon angesprochenen Jäger-Opfer-Dynamik. Schlussendlich wurden der andere Mann und dessen Familie mit einer Lüge dazu gebracht, dass sie dem Betrüger Vermögenswerte überschrieben. Das war jedoch noch nicht das Ende der Geschichte. Vielmehr erzählte das Opfer, dass es von dem Betrüger nach dieser Tat noch an seinem Arbeitsplatz angerufen wurde, mit der Aufforderung, umgehend die Arbeit zu verlassen und zu ihm zu kommen. Der Betrogene hoffte zu dem Zeitpunkt immer noch, dass er das verlorene Geld retten könnte, und begab sich also zu der Wohnung des Täters. Dort angekommen, wurde er von dem Psychopathen dazu aufgefordert, er müsse ihm jetzt im Haushalt helfen und das Bett neu beziehen. Der Betrüger hatte inzwischen schon sein eigentliches Ziel erreicht und die Familienersparnisse des anderen an sich gebracht. Die Aufforderung zum Wechsel der Bettwäsche wäre für den Betrug also gar nicht mehr notwendig gewesen. Aber es war eine weitere Demütigung, die zur Handschrift eines psychopathischen Täters zählt.

Welche Bedeutung diese Handlung für ihn hatte, verdeutlichten später weitere Erzählungen des Betrügers. Dieser berichtete unter anderem davon, dass er früher als Verkäufer in einem Schuhgeschäft gearbeitet hatte. Dies war keine herausragende Stellung. Doch zu den Kunden dort zählte ein Manager, den der psychopathische Betrüger dazu brachte, ohne Notwendigkeit auf einen Stuhl zu steigen und wieder herunterzuspringen. Das geschah offenbar nur zu seinem Vergnügen. Ein nebensächlicher Vorfall eigentlich, der aber seinen Drang nach Dominanz offenbart und den Wunsch, andere zu erniedrigen.

Wie gut manche Psychopathen darin sind, andere zu manipulieren und sie mit überzeugend gespielten Emotionen zu beeinflussen, konnte ich selbst vor Kurzem bei Ermittlungen feststellen, in deren Mittelpunkt ein junger psychopathischer Mitarbeiter eines Unternehmens stand. Mir war vor dem Gespräch mit dieser Person natürlich klar, dass diese Menschen sehr gut im Lesen anderer sind und dass das Verbergen eigener Emotionen während eines solchen Interviews wichtig ist – um zu verhindern, dass ich selbst manipuliert werde, weil das Gegenüber sozusagen an meine Gefühle andockt.

In dem Gespräch hat dieser Psychopath dann Emotionen vorgespielt, die andauernd hin- und hersprangen. Mal hat er geweint, dann hat er dem ebenfalls anwesenden Ermittler und mir geschmeichelt, nur um uns wenig später zu drohen. Beeindruckend dabei war, wie schnell dieser Mensch umschalten konnte, und auch, wie gut er in seinen Manipulationsversuchen war. Allerdings waren wir sehr gut auf dieses Gespräch vorbereitet und konnten so immer den inneren Abstand aufrechterhalten. Alles in allem handelte es sich um eine äußerst manipulative Person. Dem Mann wurden in diesem Fall zwar Diebstähle vorgeworfen, trotzdem schaffte er es sogar, den Betriebsrat derart zu manipulieren, dass dieser uns erst einmal erklären wollte, der Mann sei einer der besten und freundlichsten Mitarbeiter überhaupt.

Was psychopathische Persönlichkeiten neben aller Lust an Manipulation und Demütigung außerdem häufig auszeichnet, ist eine hohe Risikobereitschaft. Die meisten Menschen mögen etwas, was man als mittleres Erregungsniveau bezeichnet und das mit einer optimalen Leistungsfähigkeit verbunden ist. Ist diese Erregung geringer, dann ist unsere Leistungsfähigkeit reduziert. Ist sie zu stark, sind wir nicht optimal handlungsfähig.

Bei Psychopathen ist allerdings der Umstand zu berücksichtigen, dass sie nur sehr langsam in Wallung kommen. Daher sind sie aus der Sicht anderer sehr risikobereit, manche von ihnen mögen regelrecht den Nervenkitzel.

Letztendlich sind Psychopathen vermutlich die besten Lügner, die es gibt, da sie keine Hemmungen haben und viele von ihnen schon früh in ihrem Leben damit beginnen, andere zu manipulieren. Sie lernen schnell das Erfinden von perfekten Lügengeschichten, die dem übergeordneten Zweck der Manipulation und Dominanz dienen.

Freunde haben mir einmal von einer guten Freundin erzählt, die gerade einen neuen Mann kennengelernt hatte. Nennen wir sie Susanne. Dieser Fall besitzt durchaus Beispielcharakter zur Verdeutlichung der bisherigen Aussagen über psychopathische Betrüger. Der Mann hatte Susanne erzählt, er sei durch ein Erbe zu Reichtum gekommen. Außerdem lebe er alleine, seine Eltern wären verstorben, der Bruder befinde sich unerreichbar im Ausland. Die Berichte über den erlangten Reichtum wurden dadurch unterstrichen, dass der Mann mit seiner Angebeteten eine Villa besichtigte, die er angeblich gerade baue. Außerdem fuhr er ein neues und teures Auto. Susanne war Feuer und Flamme für diesen Mann. Ihre Freunde hatten allerdings ein komisches Gefühl bei der Sache

Psychopathie: Gefühlskälte und Dominanz

und bei einigen gemeinsamen Treffen mit ihm. Wenn sie dann allerdings mit ihm zusammensaßen und sich mit ihm unterhielten, machte er einen sehr netten und sympathischen Eindruck. Zugleich versuchte Susannes neuer Partner, sie immer mehr von ihren Freunden und Bekannten abzuschirmen. Schließlich reiste das frisch verliebte Paar in die USA und heiratete dort übereilt. Doch obwohl der Mann ja immer wieder von seinem großen Reichtum erzählte, konnte er diese Reise nicht bezahlen. Auch die teuren Eheringe bezahlte Susanne. Er käme im Augenblick durch vorübergehende und unglückliche Umstände nicht an sein Geld heran, erklärte er seine unerwarteten Finanzprobleme.

Für mich roch das alles stark nach einer psychopathischen Manipulation. Ich schlug den Freunden, die immer misstrauischer wurden, deshalb vor, die erwähnte Villa einmal dahingehend zu überprüfen, ob sie wirklich Susannes neuem Ehemann gehörte. Es kam, wie es kommen musste: Schnell stellte sich heraus, dass der wahre Besitzer jemand völlig anderes war. Der Mann hatte die Dreistigkeit, eine fremde Baustelle zu betreten und diese als das gemeinsame Haus in spe vorzustellen. Die ganze Geschichte von Besitz, Reichtum und Erbe erwies sich als gänzlich erfunden. Die vermeintlich toten Eltern waren alles andere als verstorben und erfreuten sich bester Gesundheit. Der reiche Erbe verdiente sein Geld tatsächlich als Verkäufer in einem Autohaus. Kurze Zeit später wurde er dort wegen Unregelmäßigkeiten gefeuert. Die gesamte Lebensgeschichte dieses Mannes entstammte seiner Fantasie und diente alleine dazu, Susanne hinters Licht zu führen. Später stellte sich sogar heraus, dass der Mann bereits mit einer anderen Frau verheiratet war. Susanne brauchte einige Zeit, bis sie all das verkraftet hatte und es ihr gelang, ihr zerstörtes Vertrauen in die Liebe wiederzufinden. Dies ist ein weiteres Beispiel für die manipulative Kraft einer psychopathischen Persönlichkeit. Diese Charaktere sind wahre Meister in solchen Handlungen, und ihre Angstfreiheit ermöglicht es ihnen, perfekte Lügengeschichten auszuarbeiten und diese zu leben.

Psychopathen erkennen – und Oskar Schindler anders sehen

Es stellt sich die Frage, ob ein normaler Mensch im Alltag einen manipulativen Psychopathen erkennen kann. Die ernüchternde Antwort lautet, dass dies nur schwer möglich ist. Oder nicht ganz so desillusionierend: Am besten hilft es, weiter auf das Bauchgefühl achten. Wenn das Gefühl in unserem Inneren sagt, dass da irgendetwas nicht in Ordnung ist, dass etwas nicht stimmen kann, sollte man darauf hören oder es zumindest berücksichtigen. Gerade dann, wenn eigentlich alles zu gut erscheint, um tatsächlich wahr zu sein, sollte dieses Gefühl nicht ignoriert werden.

Häufig ist es so, dass Personen mit etwas mehr Abstand als wir selbst – also Freunde oder Verwandte – deutlich besser hinter die Kulissen schauen können. Haben wir selbst schon ein seltsames Gefühl, kann es daher durchaus ratsam sein, uns nahestehende Menschen genauer zu dieser Sache zu befragen. Ihre Distanz ermöglicht ihnen oftmals einen klareren Blick auf die Situation.

Ein Hinweis auf eine psychopathische Persönlichkeit sind oftmals Machtspiele, die mit Demütigungen verbunden sind. Das Gleiche gilt für beliebige und kaum nachvollziehbare Wutausbrüche, die alleine dem Zweck dienen, andere einzuschüchtern und kleinzuhalten.

Ein weiterer wichtiger Hinweis verbirgt sich hinter der Fähigkeit von Psychopathen, ihre gespielten Emotionen auf Kopfdruck umzuschalten. Wenn wir als normale Menschen etwa eher gelangweilt in einem Café sitzen, und plötzlich kommt ein Freund herein, über dessen Anwesenheit wir uns freuen, ändert sich unsere Emotion nicht schlagartig, sondern sie macht gewissermaßen eine kleine Kurve. Psychopathen benötigen diese Kurve nicht. Sie können tatsächlich ganz plötzlich von einem Moment auf den anderen zwischen ihren Masken hin- und herschalten.

Haben wir wirklich einen Psychopathen in unserem Umfeld entlarvt, gibt es nur noch einen wichtigen Rat: sich selbst zu schützen und auf Distanz zu gehen. Ist dieser Psychopath ausgerechnet un-

Psychopathie: Gefühlskälte und Dominanz

ser Chef, muss allerdings nicht sofort die Kündigung geschrieben werden. In einer solchen Konstellation ist es umso wichtiger, zum Selbstschutz Abstand zu halten. Ebenfalls ratsam ist es, gegenüber dieser Person möglichst wenig persönliche Informationen preiszugeben, da sie sonst als Munition gegen die eigene Person eingesetzt werden können. Auf einen wirklichen Machtkampf mit einem Psychopathen sollte sich niemand ohne Not einlassen.

Viele Leser werden sich an dieser Stelle möglicherweise schon überlegt haben, welche Person in ihrem Umfeld eventuell ein Psychopath sein könnte. Vor einer solch generellen Frage muss dringend gewarnt werden, da dies nahezu zwangsweise zu Vorverurteilungen und Falschannahmen führt. Andere werden möglicherweise darüber nachdenken, welcher Prominente eventuell ins Bild passt. Wer nach einem bekannten Namen gesucht hat, wird vermutlich nicht auf diese Person gekommen sein: Oskar Schindler. Er gilt allgemein als das Beispiel für einen der wenigen aufrechten Deutschen, die während der Naziherrschaft Juden vor dem sicheren Tod gerettet haben. Rund 1200 Menschen verdankten seinem Einsatz ihr Leben. Weltweit bekannt wurde der 1974 verstorbene Unternehmer jedoch erst 1993 durch Steven Spielbergs Hollywoodfilm *Schindlers Liste*.

Doch der wahre Schindler war nicht ganz so wie der Mensch, der in diesem Film beschrieben wird. Vielmehr handelte es sich bei ihm um einen Glücksjäger, der in die von den Deutschen während des Kriegs eroberten Gebiete ging, um dort Menschen auszubeuten und Profit zu machen. Außerdem war Schindler nicht nur Unternehmer, er verdingte sich auch als Spion und wurde wegen des Verrats tschechischer Eisenbahngeheimnisse sogar zum Tode verurteilt. Die Vollstreckung des Todesurteils verhinderte allein der Umstand, dass die Deutschen in das Land einmarschierten. Großen Eindruck hinterließ all das kaum auf Schindler: Später wurde er mehrmals von der Gestapo verhört, unter anderem wegen seiner Schwarzmarktaktivitäten und vermuteter Bestechung der SS.

Menschen entschlüsseln

Man kennt Schindler als den Begriff des guten Deutschen, der sich von nichts und niemandem etwas sagen ließ. Es gab aber auch eine andere Seite: All das ist ein deutlicher Hinweise auf das für Psychopathen so typische Thrill-Seeking, die überaus hohe Risikobereitschaft. Viele Psychopathen enden nicht gut, weil sie in dieser Hinsicht übertreiben. Schindler aber hatte Glück. Er war zudem ein Spieler, der nicht nur mit der Gefahr spielte, sondern nach dem Krieg auch sein gesamtes Vermögen durchbrachte. Seine Ehefrau beschrieb ihn später als einen unangenehmen und manipulativen Menschen. Zusammengefasst erfüllt Oskar Schindler viele Kriterien einer psychopathischen Persönlichkeit. Er wird daher vermutlich wenig tiefes Mitgefühl für das Leid anderer empfunden haben. Trotzdem rettete er vielen Juden das Leben. Die Frage lautet nun: Wie passen diese beiden Seiten zusammen – die des Retters und die des Psychopathen?

Oskar Schindler selbst kann dazu nicht mehr befragt werden. Aber die vorliegenden Fakten und Überlieferungen lassen den Schluss zu: Er handelte nicht mit dem Herzen, sondern mit dem Kopf. Zwar war Schindler wahrscheinlich nicht zu tiefem Mitgefühl fähig, doch seine Erziehung und sein Intellekt ließen ihn zu der Überzeugung gelangen, dass nicht in Ordnung war, was die Nazis mit den Juden taten. Dass er sich auf diese Weise bei der Rettung der Menschen immer wieder selbst in Todesgefahr brachte, dabei halfen ihm seine Angstfreiheit und Risikobereitschaft.

Der Fall Schindler zeigt aber noch etwas anderes erneut sehr deutlich: Die Persönlichkeitsstile, die in diesem Buch immer wieder Thema sind, sind per se nicht gut oder schlecht – selbst wenn Psychopathen zugegebenermaßen eine gewisse Sonderrolle einnehmen. Doch auch sie können eben gute Dinge leisten, die dann von einer Überzeugung und nicht von einem emotionalen Bedürfnis getragen werden.

Eine andere berühmte Persönlichkeit mit offenbar psychopathischen Zügen ist der ehemalige US-Präsident George W. Bush. Schon bevor er überhaupt an die Macht kam, wurde mit den Mitteln des

Psychopathie: Gefühlskälte und Dominanz

Distant Profiling ein Bild des künftigen Führungsstils dieses Mannes erstellt. Darin war bereits zu lesen, dass Bush vermutlich mit einem Buddy-System arbeiten, sich also mit Freunden umgeben würde, und dass er es mit der Wahrheit nicht so genau nehme. Gerade letztere Prognose wurde vor den Augen der Weltöffentlichkeit zur unumstößlichen Wahrheit, als die Bush-Regierung den Irak-Feldzug mit der Existenz von Massenvernichtungswaffen rechtfertigte, die es zu beseitigen galt – wie wir inzwischen wissen, hat es diese Waffen nie gegeben.

Konnte Bush noch als Person mit eher leichten psychopathischen Zügen beschrieben werden, ist der viermalige italienische Ministerpräsident Silvio Berlusconi jemand, der diese Merkmale in deutlicherer Ausprägung aufweist. Allein dass Berlusconi sich angesichts vielfacher Anschuldigungen und Verdächtigungen immer wieder herauswinden konnte, ist ein deutlicher Hinweis auf eine manipulative Persönlichkeit. Niemand kann sich wirklich erklären, wie er die immer wieder auftauchenden Verdächtigungen in Hinblick auf eine Verbindung zur organisierten Kriminalität abschütteln konnte. Sein impulsives öffentliches Auftreten, seine Affäre mit einem jungen Escort-Girl – all das sind weitere Hinweise auf eine entsprechende Prägung Berlusconis. Zwar wurde er nicht zuletzt wegen der ihm nachgesagten Schönheitsoperationen und offensichtlicher Haarverpflanzungen häufig als narzisstische Persönlichkeit beschrieben: Der Unterschied zu einem Narzissten zeigt sich hier jedoch wieder dadurch, dass Berlusconi hoch manipulativ vorging und sein Handeln stets von der so typischen Angstfreiheit geprägt war. Ein Narzisst wäre angesichts der vielen und immer wieder gegen ihn erhobenen Vorwürfe gekränkt gewesen, der Psychopath dagegen ist unerschütterlich wie ein Silvio Berlusconi.

Bei all dem ist ein weiterer Umstand zu ergänzen. Gerne sagen wir bei derartigen Personen, dass solch ein Mensch krank sein müsse. Tatsächlich aber geht die Forschung inzwischen überwiegend davon aus, dass Psychopathie eben keine Krankheit ist – von gewissen extremen Ausprägungen einmal abgesehen. Vermutlich handelt es sich eher um eine Anpassung in unserer Vorgeschichte als Menschen: Eben weil wir als Gruppenwesen immer wieder die bereits angesprochenen angstfreien Krieger und Kämpfer benötigten, um für Krisenzeiten gewappnet zu sein – weil Psychopathen auch Charisma besitzen, weil sie andere überzeugen und weil sie Menschen führen können.

Bemerkenswert ist auch der Umstand, dass ungefähr jeder zweite Mensch ein ungutes Bauchgefühl hat, wenn er in Kontakt mit einer psychopathischen Persönlichkeit kommt. Man merkt einfach, da ist etwas anders, sogar die Nackenhaare können sich aufstellen. Die Hälfte von uns verfügt also über ein auf die eigene Spezies ausgerichtetes Warnsystem.

Eine Studie hatte sich sogar auf die Suche nach Charakterbeschreibungen für Psychopathen in unterschiedlichen Ländern und Erdteilen gemacht. Selbst einige Eskimo-Stämme haben in ihrer Sprache mit »kunlangeta« einen Begriff, der eine psychopathische Persönlichkeit beschreibt. Als »kunlangeta« werden Menschen beschrieben, die wiederholt lügen, betrügen und Dinge stehlen, sich vor der Arbeit drücken und anderen Frauen den Hof machen, wenn ihre Männer abwesend sind.

Wenn wir aber sagen, dass die Hälfte von uns spürt, wenn sie einem Psychopathen gegenübersteht, führt das natürlich zu der Frage, warum Menschen in Friedenszeiten jemanden wie Berlusconi an die Macht kommen lassen, ihn sogar als Politiker wählen. Die Antwort darauf lautet, dass dieses warnende Bauchgefühl vor allem in einem wirklich persönlichen und nahen Kontakt anschlägt – nicht dann, wenn wir diese Person mit all ihren manipulativen Fähigkeiten etwa auf dem Fernsehschirm sehen.

Und es sind eben auch nicht alle von uns, die ein solches Warnsignal überhaupt wahrnehmen.

Das führt immer wieder zu seltsamen Erlebnissen, die einmal mehr die Fähigkeiten und manipulativen Möglichkeiten eines Psychopathen verdeutlichen. Das lässt sich anhand eines realen Vor-

Psychopathie: Gefühlskälte und Dominanz

kommnisses erläutern. Als ich einmal einen Vortrag über das Wesen und die Praktiken von Betrügern hielt, kam anschließend ein Manager auf mich zu. Der Mann sagte, dass er das alles sehr interessant finde, aber er selbst habe einen guten Freund, der das absolute Gegenteil des Beschriebenen darstelle. Dieser Freund gerate immer wieder in finanzielle Probleme, er müsse ihm dann immer wieder aus der Patsche helfen. Auch habe der gute Freund immer wieder Probleme mit der Polizei, er fahre zudem wie ein Henker Auto und so weiter und so fort. Trotzdem oder gerade wegen all der Probleme sei diese Person einfach ein guter Freund von ihm, den er gerne unterstütze, wenn es notwendig sei. Ohne es zu merken lieferte mir dieser Manager mit seiner Erzählung ein deutliches Beispiel dafür, mit welcher Macht und welchem Geschick ein Psychopath einen anderen manipuliert – so sehr, dass diese Person immer noch an das Gute in diesem Menschen glaubt, selbst wenn ihm eine fachlich präzise Beschreibung für dessen psychopathische und vermutlich wahre Seite vorgestellt wurde.

Ich habe bereits mehrfach dabei mitgeholfen, Menschen aus einer Beziehung mit einer psychopathischen Persönlichkeit herauszuholen. Viele solcher Opfer brauchen Monate oder gar Jahre, bis sie aus einer derartigen Beziehung herausfinden. Ein Problem besteht darin, dass sich der Psychopath auch an solch eine Situation anpasst und den auf Abstand gehenden Partner mit neuen Manipulationsstrategien erneut an sich zu binden versucht.

In einem derartigen Fall kam eine Frau zu mir, die sich aus der Beziehung mit einem Psychopathen lösen wollte. Ich erklärte ihr die grundlegenden Mechanismen der psychopathischen Persönlichkeit und zudem, wie sie sich aus dieser Beziehung befreien konnte. Die Frau bedankte sich und wollte danach gleich zu dem Partner gehen, um ihre Koffer zu packen und die Beziehung zu beenden. Bald darauf erschien sie wieder bei mir und versuchte, mir deutlich zu machen, dass ich mich in meiner Einschätzung geirrt hätte. Ihr Partner habe ihr sein Verhalten ausführlich erläutert, und sie wolle doch lieber bei ihm bleiben. Das ging dann zwei- oder dreimal auf diese Weise hin und her, bevor es der Frau gelang, ihren Entschluss in die Tat umzusetzen, und sie ihren Partner verließ. Dies zeigt erneut die ungeheure Fähigkeit, mit der Psychopathen andere Menschen manipulieren können.

Zusammenfassend lässt sich sagen: Der Psychopath ist unter allen Persönlichkeitsstilen wohl derjenige, der sich am schwierigsten erkennen lässt. Und hat man mit einem solchen Menschen zu tun, ist es sicherlich der unheimlichste Stil.

Manipulationen erkennen: Die Beeinflussung des Menschen

Warum wir geben wollen, wenn uns etwas gegeben wird, und wie andere genau das ausnutzen

Psychopathen manipulieren also Menschen. Doch eine manipulative Persönlichkeit ist im Umkehrschluss nicht automatisch ein Psychopath. Was einmal mehr ein Beispiel dafür darstellt, weshalb sich zwar manche Grundzüge von Persönlichkeiten recht leicht herausfinden lassen, aber dass das Erkennen des kompletten Bildes sehr viel Wissen und Erfahrung voraussetzt.

Menschen mit einem manipulativen Persönlichkeitsstil können in ihrem Leben unterschiedliche Positionen erlangen – sie können gute Führer werden oder aber gute Verkäufer. Sie können schlichtweg Menschen gut beeinflussen. Dabei ist zu berücksichtigen, dass zwischen Manipulation und Beeinflussung ein Unterschied besteht, den ich später noch genauer erläutern werde.

Hinter allem verbirgt sich zunächst einmal die Tatsache, dass wir als Menschen verwundbar sind, und zwar nicht nur im Hinblick auf unseren Körper. Es existieren vielmehr bestimmte offenbar biologisch verankerte Mechanismen, die es ermöglichen, dass auf uns Einfluss ausgeübt wird. Für einige Möglichkeiten der sozialen Einflussnahme sind wir alle empfänglich beziehungsweise anfällig, egal, wie sehr wir das abstreiten mögen.

Herausgearbeitet wurden diese Beeinflussungsstrategien von dem Psychologen Robert Cialdini, der seine Studien nicht nur im Labor ausarbeitete, sondern auch viele Feldstudien durchführte –

zum Beispiel bei Gebrauchtwagenhändlern. Dabei arbeitete er heraus, dass wir alle als Spezies verstärkt auf bestimmte Einflussnahmen oder Einflussstrategien hereinfallen. Am deutlichsten zeigt sich dies am sogenannten Reziprozitätsprinzip. Hinter diesem kompliziert erscheinenden Begriff verbirgt sich ein im Grunde fast selbstverständlich wirkender Umstand: Gebe oder schenke ich einem Menschen etwas, hat dieser wiederum das Bedürfnis, mir etwas zurückzugeben. Dieses Bedürfnis ist sehr stark, weil es eben Teil unserer biologisch verankerten Natur ist. Denn wir Menschen sind ja von unserer Biologie her Gemeinschaftswesen, die sich darauf verlassen müssen, dass eine einmal geleistete Hilfe oder Unterstützung wieder zurückkommt. Eine solche Strategie der Einflussnahme ist grundsätzlich nicht schlecht und ergibt Sinn: Werde ich zu einem Essen eingeladen und bringe Blumen oder eine Flasche Wein mit, dann ist das ein gegenseitiger Austausch und stellt zudem eine gewisse Wertschätzung des anderen dar. Zu einem Problem wird das, wenn Betrüger solche Strategien manipulativ nutzen – um so ganz gezielt andere zu beeinflussen und auszubeuten.

Ich selber habe mit meinem Team entsprechende Forschungen an Betrügern in Haftanstalten durchgeführt. Erstaunlich war dabei vor allem, wie klug beziehungsweise voller Menschenkenntnis erfolgreiche Betrüger sind. Sie erzählten mir genau, welche Knöpfe sie bei einem Menschen drücken, um ein gewünschtes Ziel zu erreichen. Sie bedienen sich solcher Beeinflussungsstrategien, ohne dass sie die tatsächlichen psychologischen Hintergründe kennen. Manche sind schlicht gute Beobachter, andere dagegen haben tatsächlich entsprechende psychologische Fachliteratur studiert und nutzen diese Erkenntnisse für ihre finsteren Absichten.

Aber was unterscheidet eigentlich eine Einflussnahme von einer Manipulation? Manipulation ist immer intransparent – der andere merkt also nicht, was ich vorhabe und dass ich ihn beeinflussen will. Der zweite Aspekt der Manipulation besteht darin, dass das Vorhaben nicht im Sinne der manipulierten Person ist, sondern im Gegenteil sogar gegen deren Interesse gerichtet ist.

Manipulationen erkennen: Die Beeinflussung des Menschen

Wenn wir wieder das Beispiel von Geschenk und Gegengeschenk nehmen, will ein Betrüger durch eine Vorleistung sein Gegenüber überhaupt erst dazu bringen, dass dieser den inneren Drang verspürt, mit einer Gegenleistung zu reagieren. Ich möchte das anhand eines Falls genauer erklären, mit dem ich mich im Rahmen meiner kriminalpsychologischen Arbeit beschäftigte. Ein Angestellter, den wir hier einmal Herrn Müller nennen, leitete in einem Unternehmen den Fuhrpark. Es handelte sich bei Herrn Müller um einen sehr beliebten Mitarbeiter, der gut mit anderen Menschen auskam und auch schon mal von sich aus anbot, einem Kollegen für einen anstehenden Umzug einen Wagen aus dem Firmenfuhrpark zur Verfügung zu stellen. Dies sei alles, so versicherte er, kein Problem, denn er könne das selbst genehmigen. Durch solche Gefallen hatte Herr Müller im Laufe der Zeit verschiedene Beziehungen aufgebaut und sich ein Netzwerk von dankbaren Kontakten geschaffen. Dazu muss man wissen, dass erfolgreiche manipulative Persönlichkeiten ihr Vorgehen von vornherein langfristig planen, sodass ihr eigentliches Vorhaben nicht erkennbar und damit nicht transparent ist. Auch Herr Müller hatte seine Beziehungen gezielt aufgebaut und dann lange gewartet. Das mündete darin, dass er einen Betrug an dem Unternehmen lange plante und schließlich Firmeneigentum veruntreute. Die Kollegen, denen Herr Müller die Firmenautos außerhalb der Arbeitszeiten »ausgeliehen« hatte, spannte er für seine betrügerischen Vorhaben ein. Kleine Gegendienste, wie das Verschaffen von Schlüsseln und Computerzugängen, machten es ihm deutlich leichter, an wertvolles Firmeneigentum zu kommen. Dies ging so weit, dass Herr Müller auch einige halb legale Handlungen von den Kollegen einforderte, die der Meinung waren, sie würden ihm noch etwas wegen früherer Gefallen schulden. Aus dem Geben und Nehmen wurde so schließlich ein Nehmen und Nehmen und nochmals Nehmen, bis schließlich alles aufflog.

Niemand sollte das grundlegende Bedürfnis, dass wir etwas zurückgeben wollen, wenn wir vorher etwas bekommen haben, unterschätzen. Es ist so tief in unserer Psyche verankert, dass es sehr schwer ist, aus diesem Automatismus herauszukommen. Um uns selbst vor einer solchen Manipulation zu schützen, ist es wichtig, dass wir eines erkennen: Bei meinem inneren Drang, dem anderen etwas zurückzugeben, handelt es sich nicht um eine moralische Schuld, die ich ihm gegenüber habe – vielmehr springt einfach unsere Biologie an, die uns normalerweise zu prosozialen Wesen macht. Wenn es um die Frage geht, welche psychologischen Eigenheiten Betrüger haben, finden wir unterschiedliche Antworten. Manche lernen ihre Tricks einfach von anderen Betrügern, sie absolvieren im Grunde eine regelrechte Lehre. Daneben gibt es aber jene, die Manipulation schlicht lieben, weil sie dabei eine gewisse Macht über eine andere Person ausüben können. Betrachtet man ihre Strategien vollkommen wertfrei, muss man eingestehen, dass manche Betrüger auf diese Weise sehr weit kommen. Ich kenne viele Betrugsfälle, bei denen durch solche Strategien massiv Geld aus Unternehmen und von sehr wohlhabenden Menschen gezogen wurde. Aus der Distanz klingen die Vorgehensweisen sehr viel leichter durchschaubar, als sie es tatsächlich sind, wenn man ihnen direkt ausgesetzt ist. Hinzu kommt, dass zwar einige Betrüger auf die immer gleiche Masche setzen, andere jedoch variieren ihr Vorgehen und verfügen zudem über eine sehr breite Klaviatur von Manipulationsstrategien.

Ein Beispiel für eine Person, die gleich eine Vielzahl an Mechanismen genutzt hat, ist Helg Sgarbi. Der Schweizer wurde in den Medien als Gigolo-Erpresser bekannt, als er die BMW-Großaktionärin und Milliardärin Susanne Klatten nach einer Affäre um mehrere Millionen Euro erpressen wollte.

Eine seiner klassischen Strategien war die des Beziehungsaufbaus. Wir alle halten uns selbst ja für eher wenig beeinflussbar durch andere, tatsächlich aber sind wir meist sehr anfällig für einen Beziehungsaufbau, der bei uns positive Gefühle anspringen lässt. Dahinter verbergen sich verschiedene Einzelfacetten: Was uns alle mehr beeindruckt, als wir glauben, ist die körperliche und soziale Attraktivität. Die Wirkungskraft der sozialen Attraktivität drückt sich nicht zuletzt dadurch aus, dass gerade Betrüger sich gerne etwa Adels- oder Doktortitel verpassen. Es gab einen Fall in Düsseldorf, in dem es ein junger Mann allein mithilfe eines erfundenen Adelstitels schaffte, ohne Ausweis bei Banken Konten zu eröffnen und dass eine Taxifahrerin sich ihm sozusagen als Privatchauffeurin zur Verfügung stellte. Der junge Betrüger, ein Schulabbrecher, ließ sich als Durchlaucht anreden, was Geschäftsleute so beeindruckte, dass sie ihm sogar luxuriöse Kleidung schenkten. Auch Personen aus den sogenannten besseren Kreisen wurden auf den falschen Fürsten aufmerksam und suchten seine Nähe. Bis alles schließlich aufflog, soll ein Schaden von mehr als 100 000 Euro entstanden sein. Der Erfolg des Betrügers liegt in der Kombination der beiden Tatsachen, dass wir zum einen durchaus sehr beeindruckbar sind und dass Betrüger häufig sehr gut darin sind, Beziehungen zu anderen Menschen aufzubauen – was auch für den bereits erwähnten Helg Sgarbi gilt.

Menschen, die Sgarbi kennenlernten, beschrieben ihn als jemanden, der in jeder Hinsicht charmant und weltgewandt war. Man habe sich in seiner Gesellschaft wohlgefühlt, zumal er jedem das Gefühl gab, etwas Besonderes zu sein. Er sei ein Typ gewesen, wie man ihn sonst nur aus Romanen kannte. Interessant ist aber noch ein anderer Fakt, den Menschen durchaus bemerkten, fatalerweise aber unterschätzten: Sgarbi habe jeden Menschen in Sekundenschnelle regelrecht gescannt und die Schwachstellen ausgemacht, schilderte jemand, der ihn persönlich kannte, genau das ist etwas, was erfolgreiche manipulative Persönlichkeiten sehr gut beherrschen.

Er nutzte daneben noch ein weiteres und sehr mächtiges Instrument des Betrugs – nämlich das Prinzip der Ähnlichkeit. Dabei geht es nicht um reine Äußerlichkeiten, vielmehr mögen wir generell Menschen, die uns in gewisser Weise, etwa in ihrer Art und in ihren Vorlieben, ähnlich sind. Wie wichtig dieser Umstand ist, zeigt sich schon dadurch, dass inzwischen selbst Leitfäden für Bewerbungsgespräche darauf hinweisen: Der Bewerber solle etwa bei seinem Gegenüber nach ähnlichen Interessen suchen und mit ihm darüber sprechen, um eine Nähe herzustellen und so seine Einstellungschancen zu erhöhen.

Sgarbi hat dieses Wissen genutzt, um bei Frau Klatten das Gefühl hervorzurufen, man sei sich sehr ähnlich und fühle sich sehr verwandt. Daraus entstand eine große emotionale Nähe zwischen den beiden eigentlich sehr unterschiedlichen Persönlichkeiten. Susanne Klatten berichtete einmal, dass Sgarbi sehr charmant und aufmerksam war und er auf sie traurig wirkte – was bei ihr das Gefühl von Nähe und Gemeinsamkeiten verstärkte. Das ist ein sehr deutliches Beispiel dafür, dass manipulierende Personen eine Ähnlichkeit vortäuschen und zudem versuchen, Gefühle des anderen widerzuspiegeln.

Manche manipulativen Charaktere gehen so vor, dass sie einem Menschen, den sie beeinflussen wollen, sagen, sie würden ihm ein persönliches Geheimnis anvertrauen. Was dann vor dem Hintergrund des Wunsches nach Nehmen und Geben zur Folge hat, dass ihr Gegenüber das »Geschenk« erwidern möchte. Doch während der Manipulierende ein erfundene Geschichte preisgibt, wird er als Gegenleistung oftmals ein tatsächliches Geheimnis erhalten, das er dann für seine unlauteren Zwecke nutzt.

Ein weiteres Mittel des Beziehungsaufbaus sind Lob und Anerkennung – wobei beides nicht zu offensichtlich eingesetzt werden darf. Man muss aufpassen, in welchem Umfang man Anerkennung äußert, um tatsächlich glaubhaft zu wirken. Ebenfalls wichtig ist, dass die lobende und anerkennende Person den richtigen sozialen Rang innehat. Wer etwa einem Gerhard Schröder Anerkennung zollen möchte, muss sich selbst schon in einer gewissen Position befinden, damit dieses Lob die gewünschte Wirkung erzielt oder überhaupt wahrgenommen wird. Werden Lob und Anerkennung aber geschickt eingesetzt, lässt sich dadurch eine sehr große Wirkung erzielen.

Was ebenfalls im Hinblick auf einen Beziehungsaufbau gut funktioniert, ist das Prinzip der Vertrautheit. Wohl jeder kennt Anrufe von Vertretern, bei denen man zunächst abwimmelnd reagiert – man habe keine Zeit und so weiter. Der Vertreter antwortet dann meist, dass er es später noch einmal versuche werde. Beim zweiten Anruf der Person erinnern wir uns schon an ihn, fragen uns aber noch, wie schmerzfrei so ein Mensch eigentlich sein muss, der immer wieder auf Ablehnung stößt, aber trotzdem immer weitermacht. Doch erfolgreiche Verkäufer wissen sehr genau, was sie tun. Sie wissen, dass sie mit wiederholten Anrufen Fortschritte erzielen und der Angerufene wegen der inzwischen entstandenen leichten Vertrautheit irgendwann vielleicht doch einmal zuhört und schlussendlich womöglich ein Geschäft zustande kommt.

All diese Techniken des Beziehungsaufbaus werden also gezielt eingesetzt, wenn es um das Thema Manipulation geht.

Helg Sgarbi beherrschte die Techniken nicht nur sehr gut, er war außerdem ein Jäger, der in ausgewählten Revieren seine Opfer regelrecht ausspähte. Um seine Ziele zu erreichen, schmückte er sich zudem gerne mit einer schillernden Geschichte. Der Schweizer gab sich als Sonderberater seines Landes für Krisengebiete aus. Er behauptete, sechs Sprachen fließend zu beherrschen, und gab als dazupassende Hobbys unter anderem Hochseesegeln, Tennis oder Architektur an.

Mit diesen Geschichten baute er sehr gezielt Beziehungen zu vermögenden Damen auf. Die fand er in den von ihm sehr genau ausgesuchten Jagdrevieren, zu denen unter anderem edle Wellness-Hotels in Paris oder Monte Carlo zählten. Es handelte sich um Orte, an denen wohlhabende Personen unter sich waren und wo schon aus diesem Grund ein Gefühl von Gleichheit und Vertrautheit herrschte. Sgarbi konnte auf diese Weise Beziehungen zu mehreren Frauen aufbauen, und er vermochte sich als jemanden darzustellen, der auf Außenstehende durchaus beeindruckend wirkte. Eine Journalistin, die später den Prozess gegen den Hochstapler beobachtete, hat mir erzählt, dass sie bei der ersten Begegnung mit Sgarbi im Gerichtssaal dachte, sie wäre noch nie einem derart faszinierenden Mann begegnet. Das beweist einmal mehr sehr deutlich, wie groß sein Talent der Einflussnahme auf andere tatsächlich war.

Bei den Frauen, die er auf seiner Jagd als Opfer aussuchte, nutzte er dieses Talent dann, um mit ihnen Liebesbeziehungen einzugehen. Wobei diese Liebe natürlich äußerst einseitig war. Jugend oder Schönheit des Opfers waren ihm dabei vollkommen unwichtig – einige der Frauen waren viele Jahrzehnte älter als er selbst. So unterschiedlich die Frauen, so gleich war immer wieder sein Vorgehen. Zunächst gab es eine überwältigende Charme-Offensive. War die Nähe hergestellt und das Vertrauen der Frauen gewonnen, folgte irgendwann der Moment, in dem Sgarbi eine von zwei Geschichten erzählte. In einer ging es darum, dass es in den USA vor einiger Zeit zu einem Autounfall gekommen sei. Er selber sei in den Unfall verwickelt gewesen, bei dem auch ein Kind verletzt worden war. Nicht irgendein Kind, sondern ausgerechnet das Kind eines Mafiabosses, der nun Sgarbi mit dem Vorfall erpresse. Zahle er nicht, werde man ihn töten.

Die zweite Geschichte drehte sich darum, dass Sgarbi und die Opfer-Frau ja schon eine Affäre hatten und es Bilder gebe, die das beweisen würden. Natürlich bekräftigte Sgarbi, er würde diese Bilder nie veröffentlichen wollen. Nur habe er sie auf seinem Notebook gespeichert, das ihm ausgerechnet bei einem Besuch in Rom gestohlen wurde und der Mafia in die Hände fiel, die ihn nun damit erpresse. Zahle er nicht, würden die kompromittierenden Fotos veröffentlicht werden. Nach und nach wurde diese zunächst verdeckte Erpressung von Sgarbi dann zu einer immer offensichtlicheren – wie es auch bei Susanne Klatten der Fall war.

Das Tragische bei einem solchen destruktiven Spiel mit den Gefühlen eines anderen Menschen ist die Diskrepanz zwischen der Schwere der Auswirkungen auf die Opfer und der öffentlichen Wahrnehmung. Im Fall Sgarbi nutzten die Medien fast schon bewundernd den Begriff des Meistergigolos. Nicht erwähnt wurde dagegen, dass so ein Fall für die Betroffenen sehr weitreichende

Folgen hat und nicht zuletzt auch das grundsätzliche Vertrauen in andere Menschen stark und dauerhaft beeinträchtigt.

Schließlich zeigt der Fall Sgarbi auch, dass es sich um einen Mann handelte, der deutliche psychopathische Züge besaß. Bei einem der Opfer handelte es sich um eine 83 Jahre alte Dame. Eine Freundin dieser Frau war misstrauisch geworden und hatte über Sgarbi recherchiert, mit dem Ergebnis, dass sie die 83-Jährige vor ihm warnte und sie zu einer Anzeige ermutigte. Dies führte dazu, dass die alte Dame einen großen Teil des erpressten Geldes zurückerhielt. Sgarbi ließ sich allerdings dadurch nicht so weit beeindrucken, dass er nun Abstand hielt. Vielmehr war sein manipulatives Talent in Verbindung mit dem absoluten Wunsch nach Dominanz so groß, dass er eine Affäre mit der Freundin begann, die zuvor die alte Dame vor ihm gewarnt hatte. Das ist eine Manipulationsfähigkeit, die nur sehr wenige besitzen. Eine Fähigkeit, die es Sgarbi erlaubte, über Jahre seiner betrügerischen Tätigkeit erfolgreich nachzugehen.

Als er doch überführt wurde, verurteilte man ihn zu sechs Jahren Haft. Wo das viele inzwischen erpresste Geld war, hat Sgarbi nie gesagt. Dass er sich während der Verhandlung bei den geschädigten Damen entschuldigte, wirkt vor diesem Hintergrund schlicht zynisch. Im Juli 2014 wurde Sgarbi aus der Haft entlassen – allein Susanne Klatten schuldet er noch 9,5 Millionen Euro. Das zeigt nicht zuletzt deutlich, was sich hinter einem so einfach erscheinenden Begriff wie Beziehungsaufbau verbergen kann – wenn eine manipulative Persönlichkeit daran beteiligt ist.

Ein weiteres Prinzip, welches manipulative Charaktere nutzen, lautet: »Wer A sagt, muss auch B sagen.« Dahinter verbirgt sich die Fuß-in-der-Tür- oder Salami-Taktik, die jeder Staubsaugervertreter beherrscht. Hat der Vertreter den Fuß in der Tür, bekommt er vielleicht die Erlaubnis zur Vorführung des Geräts. Fragt er dann die Bewohner, ob sie mit dem Saugergebnis zufrieden sind, und bekommt ein Ja als Antwort, ist sozusagen das A gesagt. Haben wir nämlich schon geäußert, dass uns das Ergebnis gefällt, oder haben es sogar als gut bewertet, wird es uns schwerer fallen zu sagen, dass wir den Staubsauger oder Reinigungsschaum nicht haben wollen. Denn dann würden wir uns in einem inneren Widerstand befinden. Wir haben doch schon bestätigt, dass wir mit dem Gerät oder Ergebnis zufrieden sind – warum also wollen wir es dann nicht haben?

Dahinter verbirgt sich das Prinzip der Konsistenz: Wir wollen in uns schlüssig bleiben, unsere Gedanken sollen logisch und zusammenhängend sein. Gerade unter Verkäufern hört man daher häufig den Spruch: »Hol dir das Ja ab.« Hat der Verkäufer einen Kunden in einem Punkt überzeugen können, kann er diese Zustimmung später bei weiteren Gesprächen wieder nutzen, um seinem Verkauf näher zu kommen.

Diese manipulative Strategie fand sich auch bei einem Schiedsrichterskandal der Fußball-Bundesliga. Dabei ging es um die gezielte Manipulation von Fußballspielen, die von einer kriminellen Organisation vorangetrieben wurde. Der erste Schritt bestand in dem sogenannten Anfüttern: Schiedsrichter erhielten kleine Geschenke. Wieder stand das Austauschprinzip dahinter und damit der Umstand, dass der Beschenkte das Gefühl hat, dem Gegenüber ebenfalls einen Gefallen zu schulden.

Klug manipulierende Personen, wie in diesem Fall, zeichnen sich dadurch aus, dass sie zwischen dem Geschenk und dem Einfordern einer Gegenleistung einen zeitlichen Abstand lassen. Die Kriminellen kamen also erst nach einer Weile wieder auf den Schiedsrichter zu und wiesen ihn mit dem Hinweis auf das bereits angenommene Geschenk darauf hin, dass er nun doch noch einen weiteren Schritt tun könne. Der Schiedsrichter solle jetzt das Spiel in eine Richtung beeinflussen, sodass eine bestimmte Mannschaft gewinnt. Die kriminelle Organisation setzte nun Wetten auf das vorbestimmte Ergebnis und machte damit sehr viel Geld.

Doch natürlich geht es bei Manipulation oder Beeinflussung nicht immer um Taten mit kriminellem Hintergrund. Einem weiteren Mittel der Manipulation begegnen wir fast täglich, ohne es als solches zu erkennen. Gemeint ist das Prinzip der Verknappung. Will ich bei einem Online-Händler etwas bestellen, werde ich dort nie lesen, dass noch 11 326 Exemplare des gesuchten Produkts im Lager warten. Ich werde vielmehr darauf hingewiesen, dass nur noch zehn oder zwölf Stück vorrätig sind. Oder ich gehe auf ein Reiseportal, auf dem es heißt, zum gewünschten Preis seien nur noch zwei Reisen zu buchen, außer mir informierten sich jedoch gerade drei weitere Personen über das Angebot. Dieses Mittel der Verknappung hat einen sehr aktivierenden Einfluss auf uns.

Gearbeitet wird aber nicht mit Warenverknappung, sondern auch mit Informationsverknappung. Kündige ich jemandem an, dass ich ihm etwas erzählen möchte, was noch nie an die Öffentlichkeit gelangt ist, würde er diese Information wesentlich höher einschätzen als eine, die ich ihm ohne eine solche Zusatzerklärung vermittle. Ich erinnere mich dabei an jene Zeiten, als in den Büros noch sehr viele Faxgeräte standen und regelmäßig Papier ausspuckten. Eines Tages traf in unserem Büro ein Fax ein, auf dem grob zusammengefasst stand: »Lieber Peter, hier wie versprochen der Geheimtipp für den Aktienkauf. Ich verlasse mich darauf, dass du diese Information für dich behältst.« In meinem Büro gab es keinen Peter, das Fax schien also ein Irrläufer zu sein. Tatsächlich aber trafen identische Faxe auch in anderen Unternehmen ein – es handelte sich also um eine gezielte Manipulation durch den Eindruck der Informationsverknappung: Der Absender weckte bei dem Empfänger den Eindruck, dass nur bei ihm dieses Fax fälschlicherweise eingetroffen war, nur er besaß dieses Geheimwissen und hätte nun die einmalige Chance, mit einem Aktienkauf großen Gewinn zu machen. Tatsächlich wollten die hinter der Faxaktion stehenden Betrüger erreichen, dass genau diese Aktie zahlreich gekauft würde.

Manipulation erkennen – und warum wir auf Adels- und Doktortitel hereinfallen

Es gibt also eine ganze Reihe äußerst wirkungsvoller Manipulationsstrategien, denen wir uns ausgesetzt sehen können. Aber das Gute ist: Wir sind nicht völlig machtlos dagegen. Den ersten Schritt zur Abwehr solcher Strategien haben Leser der vergangenen Seiten bereits getan. Sie haben sich informiert, und sie kennen jetzt die Grundzüge der Manipulation. Weiß ich um diese, kann ich sie leichter erkennen. Eine solche Sensibilisierung für Manipulationsversuche ist hilfreich.

Ein ebenfalls nicht zu unterschätzender Faktor ist einmal mehr das Bauchgefühl: Häufig spüren wir in Zusammenhang mit einem Versuch der Manipulation ein kurzes Zögern oder Zweifeln – und diese Momente können sehr hilfreich bei der Beurteilung einer Situation sein.

Wir sollten uns immer wieder vor Augen führen, dass etwa der Wunsch des Zurückgebens kein moralisches Empfinden darstellt, sondern dass es sich wie schon erwähnt um eine biologische Reaktion handelt, deren Ursprung noch aus der Frühzeit des Menschen stammt.

Damit ist das Thema Manipulation jedoch noch nicht ganz abgeschlossen. Denn ein weiterer wichtiger Faktor verbirgt sich hinter dem Prinzip der Autorität: Wir neigen dazu, Autoritätspersonen eher und stärker als anderen Menschen zu vertrauen – ein Umstand, den sich Betrüger ebenfalls gerne zunutze machen. Der Hauptmann von Köpenick ist ein Beispiel dafür oder Gerd Postel, ein Mann, der sich als Mediziner ausgab und es so bis zu einer Stelle als leitender Oberarzt brachte. Der Betrüger Postel hat später davon berichtet, wie er sich in einem streng hierarchisch aufgebauten Medizinbetrieb trotz seiner real fehlenden fachlichen Kenntnisse durchsetzen konnte. Wenn ihn beispielsweise ein Kollege nach einem medizinischen Thema fragte, lautete seine Antwort etwa: »Muss ich jetzt beim Urschlamm anfangen, oder was? Kennen Sie die Grundlagen nicht?« Er hat also sehr gezielt mit Autorität gearbeitet und sich so durchsetzen können. Denn niemand wagte damals gerade im deutschen Medizinbetrieb, solche Autoritäten zu hinterfragen. Das ist eine Strategie, die immer noch sehr oft eingesetzt wird. Es gab vor einigen Jahren einen Deutschen, der sich in New York als Erbe der Rockefeller-Dynastie ausgab und auf diese Weise Zugang zur feinen Gesellschaft der Metropole erlangte. Damit kam er viele Jahre durch, da alleine schon der Name Rockefeller ihm eine starke Autorität verlieh, die niemand zu hinterfragen wagte. Solche Fälle kommen immer wieder vor, indem Menschen dieses Autoritätsprinzip entschlossen nutzen und damit berufliche Positionen erreichen, die sie sonst nie erreicht hätten. Aufgedeckt werden solche Fälle, wenn überhaupt, durch Zufall – oder dadurch, dass ausnahmsweise doch einmal jemand die Person hinterfragt und auf Widersprüche in der Lebensgeschichte stößt. Auch bei diesem Prinzip gilt, dass wir alle gern glauben möchten, wir selbst seien immun gegen solche Manipulationen. Die Wahrheit lautet jedoch: Das ist meistens nicht der Fall.

Deutlich geworden ist das an dem berühmt gewordenen Milgram-Experiment, das erstmals im Jahr 1961 durchgeführt wurde. Im Rahmen des Experiments wurden Menschen auf der Straße angesprochen und gefragt, ob sie bereit wären, an einem psychologischen Experiment teilzunehmen. Wer zustimmte, wurde in einen Raum gebeten, in dem sich schon andere Menschen befanden – darunter der Versuchsleiter und jemand, von dem es hieß, er hätte auf der Straße ebenfalls der Teilnahme zugestimmt. Dann gab es die Ankündigung, man wolle nun mit einem Experiment beginnen, bei dem die Versuchspersonen die Rolle von Lehrer und Schüler einzunehmen hätten. Wem welche Rolle zukam, sollte ausgelost werden. Doch was wie eine zufällige Rollenverteilung nach dem Losprinzip aussah, war alles andere als zufällig. Vielmehr war die vermeintlich ebenfalls von der Straße geholte andere Versuchsperson ein Teil des Experiments; ein Schauspieler, der von vornherein für die Rolle des Schülers vorgesehen war.

Der Versuchsaufbau sah so aus, dass Lehrer und Schüler sich auf zwei Seiten einer Wand befanden. Der Lehrer hatte dem Schüler Fragen zu stellen, wurden diese nicht beantwortet, gab es als Strafe einen Stromstoß für den Schüler. Die Stärke der Stromstöße wurde im Laufe des Versuchs regelmäßig gesteigert, bis die Schüler-Person bei jedem Stromstoß laut aufschrie und bettelte, doch bitte endlich das Experiment zu beenden. Wenn allerdings neben der die Elektroschocks auslösenden Lehrer-Person jemand stand, der sich als Wissenschaftler ausgab und immer wieder dazu aufforderte, dass der Versuch fortgesetzt werde, und mitteilte, dass er die Verantwortung übernehme, setzte ein markanter Prozentsatz der Probanden das Experiment fort und löste weiter immer stärker erscheinende Stromschläge aus. Der Grund lag darin, dass die Autorität des Wissenschaftlers bei den meisten Probanden über dem eigenen Empfinden von richtig oder falsch stand. Was man allerdings nicht verschweigen sollte: Es gab einige Menschen, die sich der Aufforderung nicht beugten. Sie bestanden darauf, dass das Vorgehen falsch war, und weigerten sich, das Experiment fortzusetzen. Allerdings handelte es sich dabei um eine relativ geringe Anzahl von Probanden. Wie stark die Wirkung von Autorität in unserem Leben verankert ist, erlebe ich selbst immer wieder: Mein Doktortitel ist echt, ehrlich. Doch ich bin noch niemals gefragt worden, ob das wirklich der Fall ist. Vermutlich hätte ich den Doktortitel auch unrechtmäßig vor meinen Namen setzen können und wäre damit durchgekommen. Die erwähnten Fälle eines Herrn Postel oder des Hauptmanns von Köpenick sind also sicherlich nicht so selten, wie es den Anschein hat.

Wie ideenreich und geschickt manche manipulative Personen vorgehen können, möchte ich auch noch einmal anhand eines Falls, mit dem unser Team betraut war, verdeutlichen. Ein beliebter deutscher und auch international bekannter Schauspieler wurde von einer Stalkerin belästigt. Dies kommt gerade bei Prominenten, die viel in den Medien präsent sind, recht häufig vor. Stalker oder Stalkerinnen entwickeln eine regelrechte Fixierung auf die Person des öffentlichen Lebens. In ihren Fantasien sind manche von ihnen sogar der festen Überzeugung, für den geliebten Star bestimmt zu sein oder ihn gar erretten zu müssen. Dies war auch im Fall unserer Prominentenstalkerin so. Aus anfänglich ab und zu geschickten Briefen wurde schnell ein regelrechtes Bombardement mit Liebesbekundungen. Da die Stalkerin dem Schauspieler und seiner Familie sogar immer wieder vor seinem Haus auflauerte, zog der Prominente in einer Nacht-und-Nebel-Aktion an einen unbekannten Ort mit gesperrter Adresse. Vorerst hatte er damit Erfolg. Doch die manipulative Stalkerin schaffte es tatsächlich, eine Mitarbeiterin in einem Einwohnermeldeamt davon zu überzeugen, dass ein Notfall vorliege und sie eine Verwandte sei, und erhielt so die Adresse. Es gehört einiges manipulatives Geschick dazu, derart überzeugend zu wirken. Der Schauspieler erhielt ein Engagement, in einem Hollywoodfilm mitzuwirken, und schaltete uns zu diesem Zeitpunkt ein, um die Produktion in den USA nicht zu gefährden. Über die Dreharbeiten wurde jedoch in der Presse berichtet, und so erfuhr dies auch die Stalkerin. Obwohl sie kaum finanzielle Mittel hatte, gelang es ihr, nach L.A. zu reisen, um ihre Suche fortzusetzen. Sie schaffte es jedoch nicht, die Adresse des Hotels, in dem der Schauspieler weilte, herauszufinden. Generell muss man bei Stalkingfällen extrem vorsichtig sein, damit keine Informationen nach außen dringen. Wir brieften deshalb relevante Personen, die an der Produktion beteiligt waren, besonders aufmerksam zu sein für ungewöhnliche Kontaktversuche. So kam es, dass sich der Ansprechpartner von der Pressestelle bei uns meldete. Eine deutsche Journalistin, die in L.A. lebte, hätte sich gemeldet und nach einem Interview mit dem deutschen Star gefragt. Obwohl alles auf den ersten Blick sehr glaubwürdig klang, hatte die Dame von der Pressestelle ein komisches Gefühl. Bei der Recherche in diesem Fall arbeiteten wir zusammen mit der Anti-Stalking-Einheit des Los Angeles Police Departements. Schnell stellte sich heraus, dass die Stalkerin hinter der Presseanfrage steckte und hierfür Papiere und einen Journalistenausweis überzeugend gefälscht hatte. Wir hielten die betrügerische Stalkerin so lange hin, bis ihr das Geld ausging und sie nach Deutschland zurückmusste. Der Schauspieler konnte ungestört seinen Film zu Ende drehen. Nach seiner Rückkehr beschäftigte der Fall unser Team noch zwei weitere Jahre. In dieser Zeit achteten wir darauf, dass die Stalkerin kein weiteres »Futter« in Form von Rückmeldungen erhielt und ihre Briefe und Anfragen ins Leere liefen. Am Ende gelang es uns in Zusammenarbeit mit Verwandten der Stalkerin, sie von einer psychiatrischen Behandlung zu überzeugen. Die Briefe an den Schauspieler wurden derweil immer weniger und hörten schließlich auf.

Die dramatische Persönlichkeit: Aufmerksamkeit ist alles

Was Karl May mit Harald Glööckler verbindet

Der Narzisst will Bewunderung, der Psychopath liebt die Erniedrigung anderer. Im Vergleich dazu wirkt das Bedürfnis einer dramatischen Persönlichkeit regelrecht harmlos – sie sehnt sich vor allem nach Aufmerksamkeit. Schalten wir abends den Fernseher ein, sehen wir dort fast immer auch dramatische Persönlichkeiten. Man findet sie häufig unter Schauspielern, Moderatoren und Comedians. Dramatische Persönlichkeiten besitzen mehrere Merkmale. So neigen sie zu einer hohen Emotionalität einhergehend mit einem ständigen emotionalen Auf und Ab. Kommt eine dramatische Person zu spät zu einem Meeting, fällt sie sofort dadurch auf, dass sie sich keineswegs still in den Raum hineinschleicht oder ihn unauffällig betritt. Sie wird stattdessen so auffallend unauffällig schleichen, dass sofort alle Augen auf sie gerichtet sind.

Kommen wir auf einer Party mit einer dramatischen Persönlichkeit ins Gespräch, wird sie sich äußerst begeistert zeigen, wie groß ihr Glück sei, gerade uns kennenzulernen. Dazu wird sie uns in aller Ausführlichkeit erzählen, was ihr kürzlich erst Aufregendes geschehen ist. Und natürlich wird sie hervorheben, wie spannend, großartig und erfüllend dieses Partygespräch mit uns für sie ist. Doch sobald wir uns kurz umdrehen oder ein neues Getränk holen, werden wir bei unserer Rückkehr feststellen, dass die eben noch von uns so begeisterte Person sofort weitergeflattert ist und an einem anderen Ort genau das Gleiche zu einem anderen Menschen sagt.

Dramatische Personen sorgen häufig dadurch für Aufsehen, dass sie in ihrem Auftreten übersexualisiert wirken, was regelmäßig zu Missverständnissen führt. So zeigen sich dramatisch geprägte Frauen oft mit aufreizender Kleidung und überreichlich aufgetragenem Parfum. Einige dramatische Männer tragen gerne aufgeknöpfte Hemden und präsentieren ihre Muskeln – diese Persönlichkeiten stellen also eine prototypische Weiblichkeit oder Männlichkeit zur Schau. Diese Art des übersexualisierten Auftretens bedeutet jedoch nicht, dass sie tatsächlich ein aktiveres sexuelles Verhalten zeigen. Bei dramatischen Menschen ist sozusagen oftmals nicht das drin, was außen draufsteht.

Bemerkenswert ist, dass es mehr weibliche als männliche dramatische Persönlichkeiten gibt, was vermutlich immer noch mit der weiblichen Rolle zu tun hat, sich nach außen stärker zeigen zu dürfen. Ein weiterer Grund dafür ist allerdings auch, dass man dramatische Männer lange Zeit gar nicht richtig verstanden hat und sie daher fälschlicherweise häufig als Narzissten einordnete. Der dramatische Mann unterscheidet sich vom Narzissten jedoch unter anderem dadurch, dass er stärker durch sein prototypisch männliches Auftreten auffällt. Unlängst habe ich im Fernsehen zufällig eine Sendung eingeschaltet, in der Tony Marshall zu Gast war – ein mittlerweile fast 80-jähriger Schlagersänger, dessen größte Erfolge rund 40 Jahre zurückliegen. Der gealterte Star saß dort mit weit aufgeknöpftem Hemd vor der Kamera und berichtete, welchen Schlag er noch immer bei Frauen habe. Die erste große Überraschung an diesem Abend bestand für mich darin, wie aktiv und vital Marshall immer noch wirkte. Die zweite war die Tatsache, dass es sich bei dem Mann, der einst »Schöne Maid« sang, um eine typisch dramatische Persönlichkeit handelte. Und wenn wir schon bei prominenten Beispielen sind: Der Modedesigner Harald Glööckler zeichnet sich ebenfalls durch einen dramatischen Persönlichkeitsstil aus, was sicherlich für die meisten Leser keine Überraschung darstellt.

Mancher mag solche Personen und ihr so auffälliges Auftreten belächeln. Doch unsere Kunst und unsere Kultur wären ohne diese Menschen regelrecht verarmt. Und an dieser Stelle möchte ich noch einmal betonen, dass keiner der Persönlichkeitsstille grundsätzlich schlecht oder gut ist. Jeder Stil besitzt seine eigene Kompetenz. Was erneut zu der Abgrenzung zwischen dramatisch und narzisstisch führt, die sich nicht allein in besagtem prototypisch und übersexualisierten Auftreten finden lässt. Eine narzisstische Persönlichkeit kann sich durchaus vorstellen, Bewunderung durch Angst auszulösen – genau das aber ist der dramatischen Person vollkommen fremd. Denn sie will nicht verängstigen, sondern vor allem gemocht werden.

Dass wir dramatische Persönlichkeiten häufig im Showgeschäft finden, ist dabei kein Zufall. Jeder Persönlichkeitsstil bringt eben seine ganz eigene Kompetenz mit sich, und dramatische Menschen fühlen sich in der Unterhaltungsbranche schnell zu Hause. Sie schlüpfen gerne in andere Rollen, und weil sie dies immer wieder gerne tun, bringen sie häufig ein Talent für den öffentlichen Auftritt mit. Sie präsentieren sich gerne vor Menschen, was ihnen nicht selten eine charismatische Bühnenpräsenz verleiht, die im Showgeschäft erwünscht und erforderlich ist.

Wie uns allen mit unseren eigenen Persönlichkeitsstilen ist es auch dramatischen Menschen nicht möglich, gegen ihren ureigenen Stil zu handeln und den Wunsch nach dem großen Auftritt zu unterdrücken. Ein amerikanischer Kollege hat übrigens speziell in Hinblick auf dramatische Männer Überraschendes festgestellt: Diese findet man besonders häufig unter Wrestlern, bei jener Schaukampf-Sportart also, die das traditionelle Catchen mit Showelementen kombiniert. Wrestling stellt sozusagen ein Eldorado für dramatische Männer dar, die sich dort einerseits prototypisch als echte muskelbepackte Männer zeigen dürfen und dabei gleichzeitig ihre Vorliebe für dramatisches Auftreten pflegen können. Jeder, der Wrestling mit diesem Hintergrundwissen anschaut, wird den Sport sicher mit einem anderen, neuen Blick erleben.

Ruhig bleiben und Grenzen ziehen – Leben mit dem Drama

Was jeder Mensch berücksichtigen sollte, der Kontakt zu einer dramatischen Persönlichkeit hat oder sogar eine Beziehung mit ihr eingeht: Es kann anstrengend werden. Wichtig ist dabei vor allem, dass man sich von all der Dramatik nicht anstecken lässt. Betritt der dramatische Partner den Raum und erzählt erst voller Inbrunst, wie großartig der Tag war und wie sehr er sich auf den Abend freue, nur um wenig später aus voller Seele leidend die Frage in den Raum zu stellen, ob das, was für diesen Abend geplant war, überhaupt noch zu schaffen sei, wird diese intensive Gefühlswelt auch für den anderen anstrengend. Um von diesem Strom der Dramatik nicht mitgerissen zu werden, ist eine gewisse innerliche Abgrenzung hilfreich. Außerdem ist es manchmal ratsam, die dramatische Person etwas einzubremsen oder sie sogar zu stoppen, weil sonst ihre expressiven Gefühle immer weiter ausufern. Eine Strategie lautet: Versuche, ruhig zu bleiben, versuche, deine eigenen Grenzen zu ziehen, und bestärke den anderen nicht durch verbales oder nonverbales Verhalten in seiner Dramatik. Wird etwa überschwänglich von einem ach so schrecklichen Erlebnis berichtet, sollte die Reaktion darauf keinesfalls lauten: »Meine Güte, so schlimm war das also?« Das würde lediglich dazu führen, dass die Person regelrecht aufblüht und die Ereignisse noch ausgeschmückter zum Besten gibt.

Das alles macht deutlich, dass das Wissen über Persönlichkeitsstile nicht nur interessant ist, sondern auch hilfreich für den Alltag und den Umgang mit Menschen unterschiedlicher Stile und Prägungen. Nicht zuletzt sollten wir versuchen, unsere eigenen Persönlichkeitsstile zu entdecken, um uns selbst besser zu verstehen. Was allerdings mit einem Grundproblem verbunden ist: Viele von uns sehen oder erkennen ihren eigenen Persönlichkeitsstil nicht. Eine dramatische Person ist beispielsweise davon überzeugt, dass sie Aufmerksamkeit auf sich ziehen muss, weil sie sich dann geliebt fühlt. Eine narzisstische Persönlichkeit wiederum fühlt sich ohne Bewunderung leer. Diese Dynamiken sind uns meist gar nicht bewusst, weil sie sich für uns so selbstverständlich anfühlen.

Die dramatische Persönlichkeit: Aufmerksamkeit ist alles

Hilfreich kann daher ein psychologischer Persönlichkeitstest sein, dessen Auswertung uns mehr Klarheit über unser Ich und dessen Ausprägung verschafft. Mancher wird von dem Ergebnis eines solchen Tests überrascht sein, die meisten Menschen werden jedoch sagen »ja, das passt«. Wichtig für die Selbsterkenntnis ist es, einen seriösen Persönlichkeitstest auszuwählen und keinen laienhaft zusammengestrickten Fragebogen aus irgendeiner Zeitschrift oder dem Internet.

Aber kehren wir noch einmal zur dramatischen Persönlichkeit zurück. Denn hier darf eine eventuell problematische Seite nicht unerwähnt bleiben: Show und Drama ist nicht alles, wir finden auch unter ihnen manchmal betrügerische Naturen, Menschen, die vor dem Hintergrund des Wunsches nach der Verschmelzung von Fantasie und Wirklichkeit betrügerisch handeln. Dazu zählt das Beispiel eines Betrügers, der sich als Diplomat ausgab. Dass die Täuschung überhaupt gelang, wirkt auf Anhieb kaum vorstellbar, sieht man sich heute Aufnahmen von Interviews mit diesem Hochstapler an, der darauf eher grobschlächtig und ungelenk wirkt. Dieser Mann war schon vorher immer wieder in andere Rollen geschlüpft, gab sich sogar gelegentlich als französischer Fremdenlegionär aus und unterstrich diese Rolle mit entsprechender Verkleidung.

Einmal schaffte er es sogar, als »US-Major« eine fingierte Nato-Konferenz in Norddeutschland auf die Beine zu stellen. Was auch deshalb funktionierte, weil der Mann auf die Idee kam, sich als Freund beziehungsweise Mitarbeiter von Joschka Fischer auszugeben. Insgesamt lieferte er eine beeindruckende Geschichte und ist zudem ein Beweis dafür, dass derartige Persönlichkeiten einen großen Flurschaden anrichten können, da ein ganzer Ort durch die Vorbereitung für die vermeintliche Konferenz in Mitleidenschaft gezogen wurde. Solche Betrugsfälle sind bei dramatischen Persönlichkeiten nicht die Regel, sie können aber vorkommen.

Das trifft auch auf eine Persönlichkeit zu, die im Zusammenhang mit dramatischen Personen kaum genannt wird, obwohl ihren Namen fast jeder kennt: Karl May, der Schriftsteller, der Winnetou und

Menschen entschlüsseln

Old Shatterhand erfand. Seine Lebensgeschichte stellt ein schillerndes Beispiel für eine dramatische Persönlichkeit mit betrügerischen Tendenzen dar. Heute sprechen wir von Karl May als dem Mann, der zu den produktivsten Autoren von Abenteuerromanen überhaupt zählte und von dessen Büchern weltweit rund 200 Millionen Exemplare verkauft wurden.

Zu seinen Lebzeiten zeichnete er sich durch eine eher laxe Rechtsauffassung und einen Hang zur Hochstapelei aus. Der 1842 geborene May wollte ursprünglich Lehrer werden, wurde jedoch 1859 vom Studium ausgeschlossen – er hatte am Lehrerseminar Kerzen gestohlen. Nach einem Gnadengesuch durfte er schließlich weiterstudieren, doch schon 1861 endete seine Laufbahn als Lehrer, nachdem May »vergessen« hatte, eine geliehene Taschenuhr rechtzeitig zurückzugeben – dafür kam May sechs Wochen in Haft und wurde von der Liste angehender Lehrer gestrichen.

In den folgenden Jahren kam May dann wiederholt vom legalen Weg ab. Er wurde ab 1864 sogar steckbrieflich gesucht wegen Diebstahl, Betrug und Hochstapelei. Verhaftet wurde Karl May im Jahr 1864, nachdem er einen Pelzmantel – der ihm natürlich nicht gehörte – in einem Leihhaus für ein paar Taler versetzt hatte. Er wurde zu vier Jahren in einem sogenannten Arbeitshaus verurteilt. Diese Häuser dienten seinerzeit dazu, Armen und Bettlern eine Arbeitserziehung zuteilwerden zu lassen. Karl May machte nach seiner Entlassung dennoch weiter mit seinen illegalen Aktivitäten. Erneut festgenommen, floh er bald von einem Gefangenentransport, gab sich später als reicher Sohn eines Plantagenbesitzers von der Insel Martinique aus – und landete 1870 für vier Jahre im Zuchthaus.

Nach seiner erneuten Entlassung begann er mit der Schriftstellerei, konnte aber weiterhin nicht von Betrügerei und Hochstapelei lassen. Er gab vor, ein Beamter zu sein, und wurde zu drei Wochen Arrest verurteilt. Auch führte May seit 1875 einen Doktortitel, ohne jemals auch nur einen Universitätsabschluss erlangt zu haben. Als ihm das schließlich untersagt wurde, verzichtete er zwar im

Die dramatische Persönlichkeit: Aufmerksamkeit ist alles

öffentlichen Adressbuch auf den Titel, führte ihn privat jedoch weiter.

Kuriose Ausmaße nahm Mays Hochstapelei an, als er 1892 mit *Carl May's Gesammelte Reiseromane* zu Ruhm und Wohlstand kam. Bald schien es, als wisse May nicht mehr zwischen Realität und Fiktion zu unterscheiden. Er strickte vielmehr an der Old-Shatterhand-Legende und begann zu erzählen, er selber sei Old Shatterhand und hätte dessen fiktive Abenteuer tatsächlich am eigenen Leib erlebt. Sogar die legendären Gewehre Bärentöter und Winnetous Silberbüchse ließ er sich von einem Büchsenmacher bauen und posierte außerdem in typischer Western-Kleidung mit Gewehr für Fotografen. Dies ist ein weiteres Beispiel für die Vorlieben dramatischer Persönlichkeiten: Viele mögen sehr gerne Verkleidungen. Dass Karl May erzählte, er selber habe all die niedergeschriebenen Abenteuer am eigenen Leib erlebt, passt ebenfalls ins Bild. Dramatische Menschen besitzen häufig eine ausgeprägte Fantasie, sie können sehr lebendig erzählen, sodass andere ihnen gerne zuhören. Was letztendlich aber dazu führt, dass sich bei ihnen die Fantasie mit der Realität vermischen kann und sie beide Seiten nicht mehr auseinanderhalten können.

Karl May hat seine Vorstellungen und Fantasien wirklich gelebt und dabei durchaus ein betrügerisches Verhalten an den Tag gelegt. Dies wird als Pseudologia phantastica bezeichnet, als ein Drang zur Lüge. Der Mensch möchte mehr sein, als er wirklich ist, und bedient sich dafür eben solcher Geschichten, verbunden mit Aufschneidereien und Prahlerei. Dabei erscheint die Wunschvorstellung nach und nach als so real, dass die betroffene Person selbst daran glaubt. Und so wird ein Karl May möglicherweise davon überzeugt gewesen sein, dass er, wie von ihm behauptet, tatsächlich 1200 Sprachen und Dialekte beherrschte oder dass er nach Winnetous Tod der Befehlshaber über 35 000 Apachen war.

Diese Pseudologia phantastica ist beeindruckend und in gewisser Weise erschreckend. Sie ist aber ganz und gar nicht typisch für alle dramatischen Persönlichkeiten. Beispielsweise ist eine Nina

Hagen diesem Persönlichkeitsstil zuzuordnen – sie ist jedoch nie dadurch aufgefallen, dass sie etwa ihre Biografie dramatisch anpasste. Sie zeichnet sich vielmehr durch ihre zur Schau gestellte Überdrehtheit und Emotionalität aus.

Psychologie des Betrügers: Stufen einer Pyramide

Was uns für Mondraketen zahlen lässt

Dass wir für Manipulation, für Beeinflussung und für Betrug anfällig sind, wurde schon beschrieben. Eine Frage allerdings ist noch nicht beantwortet: Was zeichnet eigentlich einen Betrüger aus, und was macht aus einem Menschen einen notorischen Betrüger? Möchte ich betrügerische Persönlichkeiten erklären, zeichne ich meist eine Pyramide auf – die sogenannte Betrügerpyramide. Im unteren und breitesten Bereich der Pyramide befinden sich die Integritätsfaktoren. Dazu zählen etwa die Rationalisierungstendenzen, mit denen wir nachträglich Handlungen vor uns selbst rechtfertigen, oder auch das Gefühl, eine Sonderrolle in der Welt einzunehmen. Das Vorhandensein von Integritätsfaktoren mit einer solchen negativen Ausprägung ist eine Voraussetzung für eine Anfälligkeit hinsichtlich betrügerischer Tendenzen. Beispiele für entsprechende Persönlichkeiten wurden schon genannt, wie Karl-Theodor zu Guttenberg oder Peter Hartz. Beide sind keine Kriminellen, aber sie sind Menschen, die als Gelegenheitsergreifer bezeichnet werden. Zu dieser Gruppe zählen auch Menschen, die unter Umständen anfällig für eine Bestechung sind.

Was bei echten Betrügern hinzukommt, findet sich auf der zweiten und etwas schmaleren Ebene der Pyramide in Form von Manipulationsstrategien. Diese werden von echten Betrügern immer sehr gezielt eingesetzt. Die wirklich erfolgreichen Betrüger auf der oberen Pyramidenebene handeln zusätzlich persönlichkeitsimmanent – das heißt, das betrügerische Handeln wird zu einem Teil ihrer Persönlichkeit.

Zusammengefasst bedeutet dies, dass der erfolgreiche Betrüger meist über eine ganze Reihe von Fertigkeiten und Fähigkeiten verfügt. Diese benötigt er, um seine betrügerischen Vorhaben durchzusetzen. Eine dieser wichtigen Fähigkeiten ist seine oft sehr große Menschenkenntnis. Betrüger studieren ihre potenziellen Opfer regelrecht und analysieren sie. Dies geschieht immer vor dem Hintergrund, dass sie Schwachstellen ausmachen und herausfinden wollen, wo ihr Opfer besonders anfällig ist – beispielsweise ob es ein Mensch ist, der sich mit Schmeicheleien umgarnen lässt. Ist diese schwache Stelle gefunden, setzen sie genau dort mit ihren Manipulationen an.

Hinzu kommen weitere Faktoren, die zum Teil bereits in vorangehenden Kapiteln angerissen wurden. Betrüger sind zum Beispiel sehr gut darin, gesellschaftliche Codes zu erkennen und diese nachzuahmen. Sie achten also auf subtile Signale, mit denen die Zugehörigkeit zu einer gesellschaftlichen Schicht oder einer beruflichen Gruppe markiert wird, und sie nutzen sie selbst, um sich als Teil einer Schicht beziehungsweise Gruppe darzustellen. Dass sie das überhaupt wagen, hängt mit einem weiteren Faktor zusammen. Ein »guter« Betrüger zeichnet sich zusätzlich dadurch aus, dass er kaum soziale Angst kennt. Weil sie sich ständig zwischen anderen Menschen bewegen, denen sie ständig etwas vormachen oder die sie dauernd anlügen, machen sie sich durch ihre Angstfreiheit wenig Sorgen darüber, dass sie überführt werden – diese Angst würde ihnen nur im Weg stehen. Tatsächlich kommt es bei Betrugsfällen immer wieder vor, dass Menschen misstrauisch werden und auch Widersprüche in den Lügengebilden entdecken. Doch die Angstfreiheit gibt Betrügern die Fähigkeit, sich aus kritischen Situationen herauszureden. Was wiederum bezeichnend für eine weitere Eigenschaft von Betrügern ist: Ihnen macht es nichts aus, anderen Menschen offen die Unwahrheit ins Gesicht zu sagen. Das mag sich trivial anhören, ist es aber nicht.

Psychologie des Betrügers: Stufen einer Pyramide

Denn nur wenige Menschen sind in der Lage, genau das immer wieder zu tun.

Damit verbunden ist ein weiterer Fakt, der bei erfolgreichen Betrügern fast immer zu berücksichtigen ist – sie sind intelligent. Manche kann man einfach als bauernschlau kategorisieren, andere wiederum verfügen über wirklich hohe intellektuelle Kapazitäten. Diese Intelligenz drückt sich unter anderem in einer hohen Merkfähigkeit aus. Die zwingend erforderlich ist: Der Betrüger muss sich nicht nur die eine reale Wahrheit einprägen, er muss sich vor allem die verschiedenen Unwahrheiten einprägen, die er selber mit seinen Lügen erschafft. Er muss wissen, welcher Person er welche Geschichte erzählte, und er muss wissen, welche gesellschaftliche Maskierung er dabei trug. Außerdem muss er dies mit einem gewissen Konstanz über längere Zeiträume aufrechterhalten können. Diese intellektuellen Fähigkeiten machen letztendlich den Unterschied aus zwischen dem kleinen Betrüger, der am Kiosk Flaschenpfand ergaunert, und dem erfolgreichen manipulativen Betrüger, der Spitzenmanager oder ganze Unternehmen ausnimmt.

Wie ebenfalls bereits erwähnt, ist das manipulative Handeln bei den erfolgreichen Betrügern Teil ihrer Persönlichkeit, es ist persönlichkeitsimmanent. Bei Betrügern tritt oft einer der drei grundlegenden Persönlichkeitsstile auf:

Wir finden bei Betrügern gehäuft die narzisstische Persönlichkeit, die sich durch ihr großes Bedürfnis nach Bewunderung auszeichnet und gerne im Mittelpunkt steht. Im Hinblick auf den Betrug geht es beim Narzissten auch um die Erfüllung des Bedürfnisses nach Überlegenheit. Betrügerisches Verhalten wird also eingesetzt, damit sich die bewundernden Blicke der anderen tatsächlich auf diese Person richten und sie sich über die anderen erheben kann. Bei solchen Persönlichkeiten steht als Ziel des Betrugs nicht das Geld als solches an erster Stelle, sondern die Möglichkeit, die sich durch diese finanzielle Ressource auftut: Narzisstische Betrüger kaufen sich gerne Statussymbole wie teure Autos, um damit die Bewunderung auf sich zu ziehen.

Menschen entschlüsseln

Ein prominentes Beispiel hierfür ist der Millionenbetrüger Jürgen Harksen, der reichen Hamburgern riesige Summen Geld abluchste, indem er erklärte, er wolle damit einen Raketenflug zum Mond finanzieren. Das Versprechen, Werbeflächen auf der Rakete gewinnbringend zu verkaufen, reichte schon aus, um manche seiner Opfer zu Millionenzahlungen zu bewegen.

Harksen selbst stammte aus eher bescheidenen Verhältnissen, und ohne seine narzisstische Persönlichkeit und die Neigungen zum Betrug wäre sein Leben wohl unauffällig geblieben. Der Vater war Alkoholiker und früh verstorben, er selber war wegen Legasthenie auf der Sonderschule gewesen und von den Mitschülern gehänselt worden. Später schaffte es Harksen noch auf die Realschule, die er auch abschloss. Doch beruflich blieb es zunächst bei einer Anstellung als Gerichtsvollziehergehilfe.

Dann aber vollzog sich der große Wandel. Harksen zog nach Hamburg und startete seine Karriere als Hochstapler. Geldgebern versprach er Renditen von sagenhaften 1300 Prozent und sammelte so von den meist sehr vermögenden Klienten nach Schätzungen zwischen 1987 und 1992 rund 150 Millionen Mark ein. Zurückgezahlt wurden davon nur 50 Millionen – der große Rest floss in die Finanzierung seines äußerst luxuriösen Lebensstils.

Noch Jahre später, als er eine langjährige Haftstrafe abgesessen hatte, berichtete Harksen mit leuchtenden Augen davon, wie sich die Reichen und Schönen regelrecht um ihn drängten und ihn als eine Art Guru betrachteten. Was passgenau das narzisstische Bedürfnis des Betrügers befriedigte.

Ferner gibt es den psychopathischen Betrüger, der ebenfalls diese Manipulationsstrategien einsetzt. Hier geht es jedoch um die Umsetzung des Bedürfnisses nach Macht und Dominanz, wie im Fall des zum Meistergigolo schöngeredeten Sgarbi. Einem psychopathischen Betrüger reicht das Vorzeigen von Statussymbolen oder die bloße Bewunderung der anderen nicht aus. Diese Menschen zeichnen sich durch ihre naturgegebene Angstfreiheit aus, die sie an sich schon perfekt für Lüge und Manipulation geeignet macht. Mithilfe dieser Fähigkeiten nehmen sie sich, was sie möchten, ohne auch nur einen Gedanken an die Bedürfnisse anderer zu verschwenden. Diese Menschen sind absolute Egoisten ohne jede Hemmung. Sie lieben das Spiel mit der Manipulation der anderen, und sie lieben es, auf diese Weise Menschen kleinzumachen oder zu erniedrigen. Denn genau damit können sie das psychologische Bedürfnis des Psychopathen nach Macht und Kontrolle erfüllen.

Die dritte Gruppe sind die dramatischen Betrüger, die sich durch ihr Bedürfnis nach Aufmerksamkeit auszeichnen. Gerade dieser Persönlichkeitsstil wirkt auf den ersten Blick wenig geeignet für einen erfolgreichen Betrüger. Steht doch der dramatische Aspekt für ein sehr auffälliges Auftreten, das darauf zielt, alle Blicke auf sich zu ziehen – während der Betrüger grundsätzlich unerkannt auf sein Ziel zuarbeiten möchte. Doch schon der erwähnte Fall des Mannes, der sich als Mitarbeiter Joschka Fischers ausgab, zeigt, dass dramatische Persönlichkeiten durchaus erfolgreich Betrug begehen können. Karl May hat ja im Grunde sogar sein ganzes Leben einen Betrug rund um seine Person aufgebaut – mit großem schriftstellerischem Erfolg.

Um noch einmal auf das eingangs gezeichnete Bild der Pyramide zurückzukommen: Die besonders erfolgreichen Betrüger besitzen die Eigenschaften aller drei Stufen der Pyramide – sie zeigen niedrige Integritätsfaktoren auf, sie verfügen über Manipulationsstrategien und sie sind dazu von einem der besagten Persönlichkeitsstile geprägt.

Gefahrenradar aktivieren: Wie wir uns vor Betrügern schützen

Das führt natürlich zu der Frage, wie wir uns vor Betrügern schützen können. Dabei ist zunächst einmal zu klären, wo ein Betrüger überhaupt seine Opfer sucht. Natürlich ist es so, dass Personen besonders dann ein Ziel für entsprechende Manipulationen sind, wenn sie über ein großes und lohnendes Vermögen verfügen. Doch auch allgemein einflussreiche Menschen oder solche in Führungspositionen werden häufig ausgesucht.

Was vielleicht überrascht: Betrüger wählen häufig genau die Menschen aus, die von sich selbst überzeugt sind, dass sie nicht anfällig für betrügerische Manipulationsversuche sind. Der Grund dafür wird bei genauerem Hinsehen schnell klar. Genau bei diesen Personen hat der Betrüger leichtes Spiel, weil das Opfer sich so sicher fühlt, dass es überhaupt nicht auf die Idee kommen würde, dass es tatsächlich manipuliert wird. Es wähnt sich so sehr in Sicherheit, dass bildlich gesprochen das menschliche Gefahrenradar deaktiviert wurde. Aber ein guter Betrüger weiß all das – denn nicht zuletzt die Kenntnis menschlichen Verhaltens und menschlicher Schwächen macht ihn ja zu einem erfolgreichen Manipulanten. Mein Rat lautet daher: Es sollte niemand glauben, dass er clever genug ist, um jeden Betrüger und jeden Manipulationsversuch zu entlarven. Eine gewisse Vorsicht ist immer zu empfehlen.

Hier kommt wieder der Faktor Intuition zum Tragen, das Bauchgefühl also, das schon angesprochen wurde und das ein wichtiges Instrument zum Schutz vor Betrügern darstellt – weil sie uns gerade die Warnsignale unserer Intuition ausreden wollen, indem sie unsere Zweifel und unser Zögern beiseiteschieben. Zusammengefasst sind wichtige Warnsignale, auf die wir achten können: Ist etwas zu gut, um wahr zu sein, dann ist es wahrscheinlich auch nicht wahr. Vielleicht wird uns gerade ein Geschäft vorgeschlagen, und es klingt alles ganz großartig, und trotzdem haben wir ein komisches Gefühl, ohne zu wissen warum. Oder es geht um eine Geschäftsidee, die absolut vielversprechend erscheint und bei der wir uns fragen, warum denn bisher niemand auf diese ausgesprochen geniale Idee gekommen ist. In diesem und ähnlichen Fällen gilt: Vorsicht! Denn bin ich zu schnell von etwas begeistert, ohne dass ich wirklich weiß warum, werde ich möglicherweise gerade manipuliert. Habe ich irgendwie ein seltsames Gefühl, aber der andere hört einfach nicht auf mit seinen Überzeugungsversuchen, werde ich möglicherweise gerade manipuliert.

Psychologie des Betrügers: Stufen einer Pyramide

Dass wir unsere Intuition in solchen Fällen nutzen sollten, hat einen sehr wichtigen Grund. Intuition ist mehr als einfach irgendein aufkommendes Gefühl. Es handelt sich dabei vielmehr um kondensierte Erfahrung, die unter unserer Bewusstseinsoberfläche aktiv wird. Das heißt: Mehr als 90 Prozent unserer tatsächlichen Wahrnehmung filtern wir heraus, weil wir sonst von Reizen überflutet würden. Doch vieles mehr wird unbewusst sozusagen unter der Oberfläche verarbeitet.

Ein Beispiel dafür ist ein Phänomen, welches in der Psychologie als Cocktailparty-Effekt bekannt ist. Bin ich abends bei einem großen Essen mit vielen Menschen, und am Nachbartisch erwähnt jemand meinen Namen, horche ich auf, obwohl ich das eigentliche Gespräch an dem Tisch nebenan gar nicht verfolgt habe. Das Beispiel zeigt, dass wir viel mehr aufnehmen und verarbeiten, als uns vordergründig bewusst ist. Unsere Intuition, oder das Gefühl, dass etwas nicht stimmt, ist also eine sehr komplexe Wahrnehmung, häufig ausgelöst durch ein Zögern oder ein Gefühl von »Das will ich nicht« oder »Das ist mir unheimlich«. Häufig stellt sich dann heraus, dass Menschen, die manipuliert wurden, später sagen, sie hätten tatsächlich ein komisches Gefühl bei der Sache gehabt, aber der andere habe sie doch überzeugt.

Ein komisches Gefühl sollte also immer ein Anlass dafür sein, einen Schritt zurückzugehen und sich die Sache mit etwas Abstand und Zeit noch einmal genauer anzuschauen. Mit einem seltsamen Bauchgefühl sollten wir niemals etwas unterschreiben oder unsere Zustimmung geben. Wir sollten dieses Gefühl als eine Art Zwischenruf wahrnehmen, der aus den Tiefen unserer eigenen Psyche kommt.

Meldet sich unsere Intuition oder sind wir von etwas derart begeistert, ohne zu wissen warum, sodass wir uns selbst kaum wiedererkennen, ist als nächster Schritt eines äußerst wichtig: Wir sollten genauestens die Fakten checken und diese mit dem ersten Gefühl der Begeisterung abgleichen. Nicht selten werden wir dann feststellen, dass die Fakten mit dem manipulativ aufgebauten Bild nicht mithalten können.

Ziehen wir dazu wieder das Beispiel eines scheinbar unglaublich großartigen Geschäfts heran, dass uns angeboten wird. Sagen wir unserem Gegenüber, dass wir noch einmal über die Sache nachdenken und die Fakten abwägen wollen, wird unser Gegenüber vielleicht versuchen, uns genau das auszureden. Dies stellt ein Warnsignal für eine Manipulation dar. Wirklich seriöse Geschäftsleute haben nämlich in der Regel nichts dagegen, wenn wir ihr Angebot ausgiebig prüfen. Denn ihr Vorschlag ist ja real und beruht eben gerade auf Fakten, die sich auch bei genauer Prüfung nicht in Luft auflösen. Bei einem auf Lügen und Unwahrheiten errichteten Scheingebilde ist das natürlich vollkommen anders – weswegen wir gehindert werden sollen, genauer hinter die Kulissen zu blicken.

Nun ist es häufig aber so, dass ein Betrüger derart offensiv manipuliert, dass der Zielperson letztlich der nötige Abstand und damit der klare Blick auf die Realität deutlich erschwert wird. Neutrale Meinungen von Außenstehenden sind da sehr wichtig. Wir sollten also immer unser Umfeld mit einbeziehen und unsere Mitmenschen fragen, was sie von der Person halten, bei der wir ein komisches Gefühl haben. Dabei sollten wir unserem Umfeld deutlich machen, dass wir von ihnen wirklich eine ehrliche Meinung hören wollen. Handelt es sich um einen Betrug in einem geschäftlichen Umfeld beziehungsweise einer Firma, sagen Erfahrungen, dass in rund 50 Prozent der Fälle bereits Mitarbeiter misstrauisch geworden sind – nur haben die sich häufig nicht getraut, den Vorgesetzten von ihren Befürchtungen zu berichten. Das macht deutlich, dass Betrüger oft aus einer gewissen Distanz leichter zu erkennen sind als im direkten und persönlichen Kontakt.

Die Kenntnis der psychologischen Tricks und Hintergründe von Betrügern ist ein wertvolles Werkzeug, um Manipulationen sowie unlautere Absichten rechtzeitig zu erkennen. Dies kann im Endeffekt viel Geld sparen, aber vor allem Gefühle von Ohnmacht und Kränkung verhindern, die aufkommen, wenn ein Mensch tatsächlich zum Opfer eines Betrügers wird.

Die wachsame Persönlichkeit: Sicherheit durch Kontrolle

Warum Angela Merkel so wenig von sich preisgibt

Es wurde schon angesprochen, dass einige Persönlichkeitstile vergleichsweise leicht zu erkennen sind, während es bei anderen deutlich schwerer fällt. Die wachsame Persönlichkeit zählt definitiv zur zweiten Kategorie. Charakteristisch für diesen Persönlichkeitsstil ist das Bedürfnis nach Sicherheit durch Kontrolle. Diese Menschen behalten gerne ihr Umfeld im Auge, und sie geben wenig von sich preis.

Es ist möglich, jahrelang mit einem wachsamen Menschen zusammenzuarbeiten und sich bestens mit ihm zu verstehen. Doch von seinem Privatleben und von seinen innersten Gefühlen wird man zumeist auch nach langer Zeit so gut wie nichts wissen.

Nach außen wirken diese Personen wenig emotional. Schafft man es aber, mit ihnen eine persönliche Beziehung aufzubauen, was längere Zeit braucht, und lernt sie tatsächlich näher kennen, merkt man, dass sie auch emotional »schwingen« können. Zunächst jedoch wirken sie auf uns eher nüchtern. Das spiegelt sich in den Räumen wider, in denen sie arbeiten. Geht es narzisstischen Persönlichkeiten darum, ihre Leistung anhand von Trophäen wie Urkunden oder ähnlichem Zierrat zur Schau zu stellen, findet sich dergleichen bei Wachsamen eher wenig bis gar nicht. Gegenstände, die Rückschlüsse auf Privates zulassen, wird es kaum geben. Das Foto aus dem letzten Urlaub oder das fröhliche Familienporträt stellt im Arbeitsbereich eher die Ausnahme dar.

Doch das Bild des nüchternen und wenig emotionalen Menschen täuscht: Denn obwohl Außenstehende es kaum merken, sind wachsame Persönlichkeiten auch emotional verwundbar. Die typisch erscheinende Kühle oder gar Coolness dient vor allem dem eigenen Schutz. Dahinter verbirgt sich das psychologische Bedürfnis nach Sicherheit durch Kontrolle. In der Regel führt dies dazu, dass diese Menschen keinen allzu großen Freundeskreis haben. Den wenigen Freunden gegenüber, die es in ihrem Leben gibt, können sie sich aber öffnen – dabei sind sie selbst sehr zuverlässige Freunde.

Das aktuell wohl bekannteste Beispiel für eine wachsame Persönlichkeit ist Bundeskanzlerin Angela Merkel. Während andere Prominente und Politiker gerne Privates über die Medien verbreiten, weiß man über Frau Merkel nur sehr wenig. Und was man weiß, wurde von den Medien eher mühevoll ans Licht gebracht und nicht von ihr selbst bereitwillig ausgeplaudert.

Ähnlich sieht es im Grunde bei ihrer Politik aus. Wer von uns weiß wirklich, wo Angela Merkel am Ende hinwill mit dem, was sie politisch tut? Auch hier bleibt sie eher im Bereich des Diffusen und legt sich öffentlich nicht gerne fest. Das soll beileibe nicht heißen, dass sie die Zügel schleifen lässt. Hinter den Kulissen zieht sie durchaus die Fäden und hat ihren Laden fest im Griff. Das zeigt sich zudem darin, dass Beobachtern immer wieder auffällt, dass die Kanzlerin via Mobiltelefon und Textnachrichten unentwegt mit ihrem Stab in Kontakt steht, Informationen erhält und ihre Anweisungen gibt. So erreicht sie das gewünschte Gefühl der Sicherheit vor allem durch Kontrolle. Nur zeigt sie das nicht nach außen und spricht selbst wenig offen an, was sie im Inneren beschäftigt – dies zeigt sich zudem in ihrem Arbeits- und Führungsstil. Auf der anderen Seite wäre Angela Merkel vermutlich nie Bundeskanzlerin geworden, würde sie sich nicht durch gerade diesen Persönlichkeitsstil auszeichnen. Denn manche Parteikollegen hatten mehrfach in der Vergangenheit versucht, an ihrem Stuhl zu sägen.

Doch so wachsam eine Angela Merkel ist, eines ist sie sicher nicht: paranoid. Dieser Begriff kennzeichnet eine Extremform der wachsamen Persönlichkeit. Während die Wachsamkeit sich bei Personen wie der Kanzlerin darin ausdrückt, dass sie sehr vorsichtig und immer auf der Hut sind, geht es beim paranoiden Persönlichkeitsextrem wesentlich weiter. Ein derart geprägter Mensch hat ein grundsätzliches Misstrauen und geht gewissermaßen unablässig davon aus, dass etwas im Busch ist oder es jemand auf ihn abgesehen hat. Das führt letztendlich zu einer sich selbst erfüllenden Prophezeiung: Ist ein Mensch misstrauisch und verdächtigt ständig andere, kann das dazu führen, dass etwa Kollegen umgehend verstummen, wenn diese Person einen Raum betritt – weil ihnen die Erfahrung sagt, derjenige bekomme ja ohnehin jede Äußerung in den falschen Hals. Die paranoide Persönlichkeit wiederum nimmt dieses Verstummen natürlich wahr, sie interpretiert es aber vollkommen anders: Die nun stummen Kollegen hätten vorher bestimmt über ihn oder sie negativ gesprochen und wollten nun nichts mehr sagen, um sich nicht zu verraten. Bei einer derart starken Ausprägung sind die paranoiden Züge selbstverstärkend. Soll heißen: Ist man paranoid, bekommt man am Ende genau das, was man eigentlich befürchtet. Das ist die eigentliche Dramatik, die diesen Persönlichkeitsstil ausmacht. Aber das Paranoide ist, wie gesagt, eine seltenere Extremform des wachsamen Typus.

Interessant ist an der wachsamen Persönlichkeit noch etwas anderes: Entdecken solche Menschen tatsächlich, dass eine andere Person ihnen übel will oder ihnen etwas vormacht, gibt ihnen das Entdecken solcher Vorgänge ein Gefühl von Sicherheit. Anders geprägte Menschen würde eine solche Erkenntnis eher bedrohlich finden, der Wachsame dagegen ist beruhigt, weil er die Situation analysiert und erkannt hat. Damit ist sein Bedürfnis von Sicherheit durch Kontrolle wiederhergestellt. Wir sollten beim Umgang mit diesen Menschen immer bedenken, dass sie über sehr gute Antennen für ihr Umfeld verfügen. Wachsamen Persönlichkeiten sollte man nie etwas vormachen wollen – weil dies schlichtweg in der Regel nicht funktioniert.

Da stark wachsame Menschen ständig ihr Umfeld beobachten, also im Grunde dauernd ihre Umgebung scannen, hat es zur Folge, dass sich bei ihnen oft körperliche Auswirkungen zeigen: Sie haben häufig eine verspannte Körperhaltung, die auf ihre andauernde Alarmbereitschaft zurückzuführen ist.

Diese Grundstruktur hat auf der anderen Seite einer Angela Merkel sicherlich dabei geholfen, an die Macht zu kommen. Mithilfe ihrer Wachsamkeit konnte sie sich in einer konservativen und lange Zeit fast ausschließlich von Männern geprägten Partei nach oben arbeiten. Sie ist durch ihre Persönlichkeit gut in der Lage, Intrigen gegen sich zu erkennen. Eine Eigenschaft, die in der Politik sehr wichtig ist. Ein solcher Charakter ist schwerer als andere an der Nase herumzuführen und verfügt über eine gute Wahrnehmung, wenn es um das Erkennen von Vorgängen geht, deren Ziel darin besteht, ihn zu schädigen. Das alles kann auf dem Weg zur Macht helfen. Hinzu kommt, dass ein derart wachsamer Mensch trotz all seiner Vorsicht dennoch in der Lage ist, nützliche Koalitionen aufzubauen.

Angela Merkel mag zwar die derzeit prominenteste wachsame Persönlichkeit sein, es gibt aber auch ganze Berufsgruppen, in denen eine solche Prägung besonders häufig zu finden ist – beispielsweise viele Anwälte oder Polizisten. In diesem Beruf ist dieser Persönlichkeitsstil häufig sehr hilfreich. Wer in Bezug auf sein Umfeld ständig sehr wachsam ist und Lügen anderer leicht durchschaut, dürfte beim Verfolgen oder Erkennen von Straftaten in seinem Element sein.

Austricksen gibt's nicht – der Umgang mit wachsamen Menschen

Haben wir privat oder beruflich Umgang mit einer wachsamen Persönlichkeit, sollten wir eines berücksichtigen: Eine spürbare Besorgnis oder ein Nachfragen, ob das, was wir gesagt haben, stimmt, sollten wir niemals persönlich nehmen. Es ist besser, dies einfach anzuerkennen als einen Teil der Schutzbedürftigkeit des wachsamen Menschen. Wir sollten auch nie versuchen, diese Person auszutricksen. Sie würde es sowieso merken, und der fehlgeschlagene Versuch würde ihren Schutzinstinkt und die Wachsamkeit nur noch weiter verstärken. Man sollte nicht frustriert darüber sein, dass es sehr lange dauert, bis sich aus einem ersten Kontakt eine vertrauensvolle Nähe oder gar Freundschaft entwickelt. Diese Freundschaft wird dann jedoch sehr stabil und zuverlässig sein.

Außerdem gilt: Bis wir überhaupt realisieren, dass wir es mit einer wachsamen Persönlichkeit zu tun haben, kann es eine Weile dauern. Vielleicht halten wir sie wegen ihrer zurückhaltenden Art zunächst einfach nur für schüchtern. Denn während beispielsweise der dramatische Mensch sehr plakativ auftritt und sein Charakter quasi sofort ins Auge springt, zeigt sich der wachsame Persönlichkeitsstil eher diskret. Ich beschäftige mich seit vielen Jahren intensiv mit den Persönlichkeitsstilen – doch auch ich habe einen Kollegen, bei dem es mir erst nach Jahren auffiel, dass er wachsam ist.

Geht jedoch die Stärke der Ausprägung hin ins Paranoide, ist das Erkennen etwas leichter: Solche Menschen fallen uns auf, weil sie häufig offen misstrauisch sind. Sie sind diejenigen, die uns ständig Vorwürfe machen und Verdächtigungen aussprechen, wir würden nicht zu ihnen stehen.

Die querulatorische Persönlichkeit: Aus Wut am Scheitern

Wenn Hartnäckigkeit zu einem Problem wird

Hält die wachsame Persönlichkeit am Anfang zu uns Distanz, so kann sich mit etwas Geduld jedoch eine enge Freundschaft zu ihr entwickeln. Der querulatorische Mensch hingegen ist jemand, von dem wir uns meist wünschen, ihn nie getroffen zu haben. Querulanz ist ein Zusammenspiel mehrerer Persönlichkeitsstile, die bereits in den vorherigen Kapiteln beschrieben wurden. Eine prototypische querulatorische Persönlichkeit ist der Pferdehändler Michael Kohlhaas aus der bekannten Novelle von Heinrich von Kleist. Kohlhaas greift zu Selbstjustiz, um gegen ein Unrecht vorzugehen, das ihm angetan wurde. Dabei handelt er nach der Devise: »Es soll Gerechtigkeit geschehen, und gehe auch die Welt daran zugrunde.« In völligem Unverhältnis zu dem Unrecht, welches er erfahren hat, beginnt Kohlhaas einen regelrechten Feldzug, unter dem viele Menschen leiden, nur um sein Gefühl von Gerechtigkeit umzusetzen. Dies umfasst im Kern die Dynamik querulatorischer Fälle. Querulanz ist grundsätzlich verbunden mit einem paranoiden Aspekt, hinzu kommen jedoch immer auch narzisstische und manchmal dramatische Persönlichkeitsanteile sowie ein im Übermaß zwanghafter Stil, auf den wir später genauer eingehen werden. Als Folge dieser problematischen Kombinationen ächzen viele Gerichte, Beschwerdestellen und die Justiz allgemein regelrecht unter Querulanz. Zwar handelt es sich bei Querulanten um eine

Die querulatorische Persönlichkeit: Aus Wut am Scheitern

eher kleine Gruppe innerhalb der Bevölkerung, doch diese wenigen schaffen es, ganze Institutionen bis zur Grenze der Belastbarkeit in Beschlag zu nehmen.

Querulanten gelingt es, sehr viele Ressourcen an sich zu binden – und sie können andere Menschen an den Rand der Verzweiflung oder sogar darüber hinaus bringen. Interessant ist, dass sich ein Profil des Querulanten erstellen lässt: Es handelt sich zum überwiegenden Teil um Männer, sie befinden sich altersmäßig fast immer in der zweiten Lebenshälfte, sie sind meist noch nicht psychiatrisch aufgefallen, haben keine kriminelle Vorgeschichte – und sie sind in ihrem Vorgehen schlichtweg nicht aufzuhalten.

Die psychologischen Hintergründe hierfür liegen maßgeblich in der Mischung und Starrheit ihrer Persönlichkeitsstile. Der Narzissmus gibt ihnen das Gefühl, sie müssten etwas Besonderes sein – und er gibt ihnen damit ein Ziel, das sie im Leben erreichen wollen. Das erklärt, warum Querulanz erst in der zweiten Lebenshälfte erkennbar wird. Zum Zeitpunkt der Lebensmitte fällt uns Menschen oftmals auf, dass die verbleibende Zeit immer knapper wird. Häufig wird dann eine Zwischenbilanz gezogen, die manchmal verbunden ist mit der Erkenntnis, sich von gehegten Hoffnungen oder Erwartungen an eigene Lebensziele verabschieden zu müssen. Man erkennt also, dass sich bestimmte Dinge nicht mehr erreichen lassen, von denen man immer träumte.

Die meisten Menschen gehen durch diese Phase, indem sie sich gewissermaßen neu justieren und sich neue Ziele stecken, während sie zugleich alte Erwartungen loslassen. Sie blicken also mit einer neuen Orientierung wieder nach vorne. Ist ein Mensch aber sehr narzisstisch und strebt stark nach Bewunderung, fällt ihm genau das sehr schwer. Denn er müsste ja die bei ihm immer vorhandene eigene Grandiosität infrage stellen, wenn er von seinen zu hoch gesteckten Lebenszielen ablassen würde.

Hinzu kommt der paranoide Aspekt des Querulanten, der dazu führt, dass die Schuld am Nichterreichen persönlicher Ziele anderen gegeben wird. Dies schützt wiederum die eigene Grandiosität, die so ja nicht mehr infrage gestellt werden muss – nicht ich selbst bin an meinem Scheitern schuld, die anderen waren es. Wenn die anderen nicht gewesen wären, hätte ich es sicher geschafft.

Ein »erfolgreicher« Querulant benötigt außerdem eine gehörige Portion Hartnäckigkeit. Was diese Menschen auszeichnet, ist ein sehr hohes Aktivitätsniveau, sie sind quasi unermüdlich. Ein wahrer Querulant wird bei schönem Wetter nicht ins Freibad gehen, er wird die Zeit nutzen, um weiterzuarbeiten an seinen Beschwerden und um neue Schriftsätze zu verfassen.

Das wiederum spiegelt den zwanghaften Aspekt der Querulanz. Die meisten Schreiben werden nicht kurz und knapp gehalten, sondern ziehen sich schier endlos dahin, denn jede Facette ist bis ins letzte Detail ausgearbeitet.

Um die Querulanz bei einer entsprechend geprägten Person in der Lebensmitte ausbrechen zu lassen, bedarf es nicht viel. Früher dachte man, Querulanten hätten in ihrem Leben Ungerechtigkeit in einem besonders großen Ausmaß erlebt. Tatsächlich reicht häufig eine kleinere Ungerechtigkeit aus, die der Beginn einer langen querulatorischen Geschichte ist – Ärgernisse also, die die meisten anderen Menschen beiseiteschieben oder hinter sich lassen würden.

Der Querulant fixiert sich jedoch auf die empfundene Ungerechtigkeit. Eine unheilvolle Dynamik setzt sich in Gang, sodass aus einer ersten Beschwerde schließlich eine das ganze Leben umfassende Beschäftigung für ihn wird. Selbst wenn dem Querulanten auf eine eingereichte Beschwerde hin recht gegeben wird, ist die Sache damit für ihn noch lange nicht erledigt. Er wird irgendwo immer einen Punkt finden, mit dem er nicht zufrieden ist und der ihm ausreicht, um ein weiteres umfangreiches Schreiben zu verfassen.

Das heißt: Querulanz verselbstständigt sich mit der Zeit und wird immer mehr zu einem Lebenszweck. Dies geschieht vor dem Hintergrund, die eigene Identität und Selbstwahrnehmung zu wahren, indem der Querulant sich immer wieder mit seinen Beschwerden zu beweisen versucht: Es sei eben nicht er gewesen, der scheiterte, die anderen haben ihn gehindert, und sie tun es immer noch. Nun sind Querulanten nicht per se Einzelgänger. Viele von ihnen leben in einem ganz normalen sozialen Umfeld, sie haben Freunde und Bekannte, sind häufig verheiratet. Verstärkt sich dann jedoch die Fixierung auf das Querulantentum, spielt dieses Umfeld irgendwann nicht mehr mit. Die Freunde vom Stammtisch melden sich nicht mehr, weil sie das Thema einfach nicht mehr hören können, auf dem der Querulant ständig herumreitet. Die Ehefrau hat nach einer Weile ebenfalls genug. Hinzu kommt, dass häufig auch ein Großteil des Ersparten für die endlosen Prozesse ausgegeben wird. Viele Querulanten sind daher nach einer gewissen Zeit tatsächlich allein. Sie haben im Grunde nichts mehr in ihrem Leben außer ihren persönlichen Feldzug – was sie zusätzlich antreibt weiterzumachen. Hinzu kommt, dass mit dem Zusammenbruch des sozialen Umfelds ein letztes Korrektiv verloren geht. Es gibt nichts und niemanden mehr, der ihnen hereinredet, niemand hält sie auf und gibt ihnen die Rückmeldung, dass sie es übertreiben. Das ist im Einzelfall für den Querulanten sicher tragisch, und für die von einem solchen Feldzug betroffenen Personen oder Institutionen ist es sehr anstrengend und zehrt Nerven und Ressourcen auf.

Es wird vermutet, dass die Zahl der Querulanten zunimmt. Mit verantwortlich dafür könnten die neuen Medien und das Internet sein. Ein Querulant kann sich heute viel besser informieren, wie und wo eine Beschwerde einzureichen ist. Zudem haben die vielen Gerichtsshows im Fernsehen an der Entwicklung sicher einen Anteil. Ferner kann man sich heute über das Internet mit anderen vernetzen sowie Erfahrungen und Wissen über Beschwerdewege und rechtliches Vorgehen austauschen. Dies wird allerdings kaum dazu führen, dass aus solchen Kontakten Gruppen entstehen, die gemeinsam vorgehen. Der Querulant ist kein Gruppenspieler, er ist zwar gelegentlich interessiert an einem Austausch – seinen Kampf jedoch wird er in der Regel alleine fortsetzen.

Es sind aber nicht nur die neuen technischen und kommunikativen Möglichkeiten ausschlaggebend für die wachsende Zahl an Querulanten. In unserer Alltagskultur hat es einen Wandel gegeben, der diese Tendenzen unterstützt. Früher sagte man sich: Dinge passieren, es ist ein Unglück. Punkt. Heute haben wir eine Kultur, in der es immer jemanden geben muss, der verantwortlich ist und dem alle Schuld angehängt wird. Gibt es irgendein Unglück, wird in den Medien noch am selben Tag eine regelrechte Jagd nach Schuldigen veranstaltet. Bei großen Unglücken ist es indessen in der Regel so, dass eine Reihe verschiedener unglücklicher Umstände zusammenwirkt und eine Katastrophe auslöst. Es gibt dabei selten den einen Schuldigen. Inzwischen hat es sich allerdings eingebürgert, dass bereits bei Kleinigkeiten immer versucht wird, einen Verantwortlichen zu finden, den man in Regress nehmen kann. Das geht so weit, dass heute jemand schon fast als »naiv« gilt, wenn er nach einem leichten Auffahrunfall nicht den Versuch unternimmt, sich vom Arzt ein Schleudertrauma diagnostizieren zu lassen, um Schadenersatz zu erhalten. Dies ist eine Gemengelage, die reichlich Nährboden für das Ausleben querulatorischer Tendenzen bietet.

Der Querulant und ich – nicht auf Diskussionen einlassen

Haben wir es in unserem Umfeld mit einem Querulanten zu tun, so gibt es wenig, was wir tun können, außer uns möglichst gut zu schützen. Wir sollten nicht davon ausgehen, dass ein Querulant sich wirklich ändert und die Problematik seines Handelns einsieht. Deshalb müssen wir darauf achten, dass wir nicht auf alles eingehen, was eine solche Person sagt. Wir sollten uns nicht auf eine Diskussion über das strittige Thema einlassen – damit würden wir nur das Bedürfnis nach Aufmerksamkeit füttern und die querulatorische Dynamik befeuern. Zusammenfassend lässt sich sagen, dass wir Querulanz von außen eigentlich nicht beeinflussen können. Wir können bestenfalls versuchen, die Person mit ihrem Thema ins Leere laufen zu lassen.

Die querulatorische Persönlichkeit: Aus Wut am Scheitern

Wer wiederum bei sich selbst leichte querulatorische Tendenzen feststellt, sollte bewusst versuchen, offen für die Meinung anderer Menschen zu bleiben. Man sollte sich für die Sichtweisen anderer Personen interessieren, gerade wenn diese von den eigenen abweichen. Gut ist es, den anderen sogar um Rückmeldungen zu bitten – und diese zu berücksichtigen. Überdies sollte man sich selbst immer wieder hinterfragen, ob es nicht etwas gibt, das gegen die eigene Sichtweise spricht. Das wird meist verbunden sein mit einem massiven Gefühl von Unlust – aber es ist insgesamt ein guter Schutz davor, dass sich der eigene Persönlichkeitsstil in eine negative Richtung weiterentwickelt. Das Problem dabei ist, dass wir uns nur ungern einem kritischen Umfeld aussetzen und uns lieber mit Personen umgeben, die ähnliche Ansichten und Meinungen wie wir vertreten.

Zum Abschluss des Kapitels noch ein Rat an all jene Menschen, die als Mitarbeiter von Behörden und Unternehmen mit Querulanten zu tun haben: Es gibt zwar keine Möglichkeit, derartige Personen mit vernünftigen Argumenten zu verändern, man kann sich den Umgang aber in einem gewissen Maße erleichtern, indem die Bedürfnisse eines querulatorischen Menschen möglichst wenig befriedigt werden. Je mehr Aufmerksamkeit dem Querulanten geschenkt wird, desto mehr werden seine narzisstischen Bedürfnisse befriedigt. Je mehr auf die ausführlichen Schreiben mit detaillierten Argumenten reagiert wird, desto stärker werden die zwanghaften Bedürfnisse befriedigt. Je mehr man dem Querulanten aufzeigen möchte, wie sehr er sich mit seinen Anschuldigungen irrt, desto stärker werden die paranoiden Bedürfnisse befriedigt.

Die Möglichkeit, sich selbst zu schützen, besteht also vor allem darin, die Spiele des Querulanten nicht mitzuspielen. Statt auf ausführliche Schreiben noch ausführlicher zu reagieren, sollte eine Antwort knapp und sachlich gehalten werden, um dem Querulanten so wenig Futter wie möglich für seine nächste Reaktion zu geben. Man sollte sich nie dem Bedürfnis hingeben, sich dem anderen gegenüber zu rechtfertigen.

Mit etwas Glück kann das dazu führen, dass der Querulant weiterzieht. Denn auch wenn das Thema des Querulanten so zentral und für ihn außerordentlich wichtig erscheint, ist es doch austauschbar. Der Querulant wird zwar nicht aufhören, ein Querulant zu sein, aber er wird sich einem anderen Thema zuwenden und einen anderen Ansprechpartner beziehungsweise Gegner suchen, der seine narzisstischen, paranoiden und zwanghaften Bedürfnisse besser befriedigt.

Wir werden häufig zu Fällen hinzugezogen, in denen eine querulatorische Person eine Behörde, ein Unternehmen oder eine Universität belästigt. Ein großer Ansturm von Beschwerden, oftmals mit aggressivem Unterton hervorgebracht und manchmal begleitet von konkreten Drohungen gegen bestimmte Personen, führt oftmals zu Angst und Verunsicherung. Und tatsächlich gibt es immer wieder auch Beispiele, in denen Querulanz eskaliert und in Gewalt mündet. Wie man anders damit umgehen kann, zeigt folgender Fall: Ein ehemaliger Mitarbeiter eines Unternehmens in einer Führungsposition war wegen eines Fehlverhaltens entlassen worden. Er fühlte sich unangemessen hoch bestraft und begann, Beschwerdeschreiben an seinen früheren Arbeitgeber, aber auch an Behörden, Politiker und die Presse zu senden. Er forderte eine hohe Entschädigung, die völlig außerhalb eines realistischen Rahmens lag – das alles ohne Erfolg. Er steigerte sich mehr und mehr in sein Anliegen hinein. Obsessiv fixierte er sich auf sein Unrechtserleben, sodass er nach einiger Zeit auch an einer neuen Arbeitsstelle wieder entlassen wurde, da er von nichts anderem mehr erzählte und sich dadurch nicht auf seine Arbeit konzentrierte. Schließlich begann er, wieder Kontakt zu früheren Arbeitskollegen aufzunehmen, und sendete mittlerweile bedrohliche Andeutungen an seine früheren Vorgesetzten, dass etwas Schlimmes geschehen werde. Als wir eingeschaltet wurden, begannen wir zunächst, dafür zu sorgen, dass alle Angehörigen des Unternehmens eine einheitliche und äußerst knappe Kommunikationsstrategie einhielten, damit die querulatorische Fixierung sich nicht noch weiter verstärkte. Zudem halfen wir, eine interne Stelle aufzubauen, die eine erste Risikobewertung durchführen konnte, sodass eine erhöhte Eskalationsgefahr – die wenige Monate später auftrat – rechtzeitig erkannt wurde. Durch ein diskretes Fallmanagement gelang es, das Gefahrenpotenzial schließlich wieder zu senken. Der querulatorische Mitarbeiter schrieb immer seltener, und unser Kunde hat seit mehreren Jahren nichts mehr von ihm gehört. Allerdings ist zu vermuten, dass der querulatorische Droher an anderen Orten sein Verhalten fortsetzt.

Die strukturliebende Persönlichkeit: Sicherheit durch Struktur

Wo die Grenze zwischen detailverliebt und zwanghaft liegt

Bisher ging es um eine große Zahl von auffälligen Charakterzügen, allein der wachsame Stil war nicht leicht zu erkennen. Es gibt indessen noch eine weitere Persönlichkeit, die oftmals eher unauffällig auftritt, ohne sich durch besondere Merkmale in das Gedächtnis einzubrennen. Doch gerade der strukturliebende Persönlichkeitsstil ist ein sehr wichtiger, da vermutlich der Staat und seine Bürokratie ohne diesen Stil gar nicht funktionieren würden.

Strukturliebende Persönlichkeiten bevorzugen klare Hierarchien. Ihnen ist wichtig, dass die Rollenverteilung auf unterschiedlichen Ebenen klar ersichtlich ist. Strukturliebende Menschen kleiden sich immer korrekt, sie gehen den Hobbys nach, die in ihrem Umfeld üblich sind. Auf keinen Fall wollen sie in irgendeiner Form aus der Rolle fallen. In ihrem Leben muss alles geordnet sein, auch die Details sollen stimmen. Das hört sich für anders geprägte Menschen eher langweilig an.

Man findet strukturliebende Menschen häufig in Ämtern und Behörden, bei Steuerberatern und Unternehmensprüfern. Sie sind zum Funktionieren einer Gesellschaft wichtig und notwendig. Sie sind es, die Dinge ordnen, den Details nachgehen und aus dieser Beschäftigung eine innere Befriedigung ziehen.

Die strukturliebende Persönlichkeit: Sicherheit durch Struktur

Kommt es zu Veränderungen in einer Organisation und damit in ihrem Arbeitsumfeld, führt dies bei diesen Menschen zu deutlich mehr Stress, als es bei anderen der Fall ist.

Strukturliebende Persönlichkeiten mögen es nicht, sich in den Vordergrund zu stellen oder Aufmerksamkeit auf sich zu ziehen. Sie fühlen sich im Hintergrund deutlich wohler. Zu finden sind sie daher eher in den Finanzabteilungen von Unternehmen, während sie in Kreativwerkstätten eine Rarität darstellen – weil sie dort fehl am Platze wären, da Kreativität häufiger mit einem gewissen Chaos als mit einer festen Struktur einhergeht. Diese typischen Eigenschaften des strukturliebenden Persönlichkeitsstils führen dazu, dass es nur wenige prominente Personen gibt, die sich als Beispiele heranziehen lassen. Wenn solche Menschen doch einmal in das Licht der Öffentlichkeit treten, hat das meist etwas damit zu tun, dass ihre Fähigkeiten und Eigenschaften sie in eine Karriereposition geführt haben, in der sie eben auch von der Öffentlichkeit beobachtet werden. Ein Beispiel hierfür ist der SPD-Politiker Hans Eichel, der von 1999 bis 2005 das Amt des Bundesfinanzministers innehatte, seinerzeit eine Steuerreform durchführte und als »Sparkommissar« bezeichnet wurde.

Wie bei anderen Persönlichkeitsstilen gibt es auch bei den strukturliebenden eine Extremausprägung, die als Zwanghaftigkeit bezeichnet wird. Zwanghafte Personen sind in ihrem Verhalten und Handeln kleinlich und »eng«, sodass ihre Detailversessenheit manchmal andere unter Druck setzt und dabei regelrecht aggressiv wirkt. Auch solche Personen findet man immer wieder in Behörden und Unternehmen. Während der Strukturliebende sich auf Details stürzt, ist der Zwanghafte derjenige, der sagt, alles müsse exakt so gemacht werden, wie er es sich vorstellt, und nicht anders. Solche Menschen sind es, die immer wieder Veränderungen verhindern und sehr auf Formalien pochen. Ein zwanghafter Mensch befürchtet einen Kontrollverlust, wenn nicht alles exakt nach seinen eigenen Vorstellungen läuft.

Wie weit Zwanghaftigkeit ausufern kann, zeigte sich einmal in einem Fall anonymer Schreiben. Ein Nahrungsmittelkonzern bekam plötzlich und überraschend Anfragen von Behörden, der Presse und lokalen Politikern, ob es denn in ihrer Lebensmittelproduktion Probleme gäbe. Es stellte sich heraus, dass eine Reihe von anonymen Schreiben an all diese Stellen gesendet worden war, in denen sehr detailliert auf angebliche Fehler im Produktionsablauf hingewiesen wurde. Aufgrund der anonymen Briefe wurden wir von dem Unternehmen eingeschaltet, ein psychologisches Profil des unbekannten Verfassers zu erstellen. Nach der Analyse aller Schreiben war deutlich zu sehen, dass der Autor über außerordentlich viel Insiderwissen über die Produktionsabläufe verfügte. Zudem identifizierte er sich sehr stark mit dem Unternehmen und formulierte seine Vorwürfe aus einer Innenperspektive. Dies zeigte eindeutig, dass es sich um einen aktiven Mitarbeiter handeln musste. Durch diese Schilderungen konnte zudem herausgearbeitet werden, dass nur ein bestimmter Teil der Produktion infrage kommen könne, der ungefähr 50 Mitarbeiter umfasste. In der Zwischenzeit erfolgten unabhängige Überprüfungen der Lebensmittelherstellung in diesem Unternehmen, die ergaben, dass alles vorschriftsgemäß ablief und jegliche Abweichungen im normalen Toleranzbereich lagen. Alle Vorwürfe waren unberechtigt, und es galt nun, den anonymen Schreiber zu finden, damit nicht noch mehr Verunsicherung oder gar Reputationsschäden für die Firma entstehen könnten. Besonders hilfreich auf der Suche nach dem Unbekannten war seine psychologische Handschrift. Bei der Beschreibung der angeblichen Verfehlungen des Unternehmens präsentierte er sich extrem detailversessen und rechthaberisch. Haarklein schilderte er auf vielen Seiten, was seiner Ansicht nach zu bemängeln war. So konnten wir von einem zwanghaften Persönlichkeitsstil ausgehen. Wir lieferten eine genaue Beschreibung, wie sich der anonyme Schreiber im normalen Arbeitsalltag verhalten würde und wie er auf sein Umfeld wirken müsste. Durch Interviews mit Mitarbeitern aus dem Bereich fokussierte sich alles sehr stark auf eine Person, auf die das Profil im Detail passte. In einem von uns vorbereiteten Gespräch mit genau diesem Angestellten gelang es uns, seine Zwanghaftigkeit herauszufordern, sodass er schließlich zugab, der Absender der anonymen Briefe zu sein. Diesem Mitarbeiter wurde wegen Schädigung des Unternehmens fristlos gekündigt. Es stellte sich im Nachhinein heraus, dass er bereits bei einem früheren Arbeitgeber vergleichbare anonyme Schreiben verfasst und damit für sehr viel Unruhe gesorgt hatte.

Auf Details eingehen – der Umgang mit strukturliebenden Menschen

Ist es bei wachsamen Persönlichkeiten ratsam, alle Wahrheiten auf den Tisch zu legen, so ist es bei strukturliebenden erforderlich, mit ihnen genau alle Details zu besprechen. Das ist es, was sie mögen und brauchen. Werden einem solchen Menschen alle Details vorgelegt und hat er sie außerdem durchdrungen, führt das bei ihm zu dem gewünschten Gefühl der Sicherheit. Und das hat den positiven Effekt, dass man besser mit ihm umgehen kann.

Ich habe einen Kollegen mit einem zumindest leicht strukturliebenden Persönlichkeitsstil. Wenn ich mich mit ihm treffen will und mich verspäte, informiere ich ihn regelmäßig über E-Mails oder auf anderen Kanälen über die aktuelle Situation. Ich versorge ihn auf diesem Weg immer wieder mit den ihm wichtigen Informationen, wenn sich etwas verändert. Das heißt: Ich kenne sein Bedürfnis und gehe in dieser Form gerne darauf ein. Wir haben dieses Vorgehen gemeinsam besprochen, und wenn sich etwas spontan ändert oder aus der Struktur fällt, versucht er im Gegenzug, in solchen Situationen nicht allzu nervös zu regieren. Es handelt sich also um ein Beispiel dafür, wie vorteilhaft es sein kann, wenn beide auf die Bedürfnisse des jeweils anderen eingehen. Das gilt natürlich auch in einem privaten Umfeld. Geht eine leicht chaotische Person eine Partnerschaft mit einem strukturliebenden Menschen ein, wäre es vorteilhaft, wenn sie zumindest versucht, eine gewisse Ordnung einzuhalten, um dem Zusammenleben eine Berechenbarkeit zu geben. Der strukturliebende Partner wiederum muss sich ebenfalls bemühen, eine Toleranz aufzubauen. Er sollte sich also gleichermaßen eingestehen, dass das eigene Bedürfnis nach Ordnung und Struktur nicht absolut ist, sondern dass ebenso dem Wunsch des anderen nach freierer Gestaltung Raum gelassen wird.

Lügenerkennung: Der Heilige Gral der Kriminalpsychologie

Was *micro expressions*, Worte und Körperhaltung verraten

Wenn es darum geht, Menschen zu entschlüsseln, ist das Wissen über die Persönlichkeitsstile der Menschen von Bedeutung. Möchten wir aber etwas über einen Menschen und seine Prägung erfahren, müssen wir ihn genauer kennenlernen, und wir sollten uns mit ihm unterhalten – dabei wiederum ist es vorteilhaft, dass wir die Wahrheit erfahren und nicht belogen werden. Das Spannende daran ist: Die Lügenerkennung ist so etwas wie der Heilige Gral der Kriminalpsychologie. Und zwar aus dem einfachen Grund, weil es keinen Pinocchio-Faktor gibt. Niemandem wächst eine lange Nase, weil er lügt. Es gibt zudem kein einziges Merkmal im Verhalten und dem Auftreten eines Menschen, das einen wirklich eindeutigen Hinweis auf eine Lüge darstellt – es sei denn, im Gesagten lassen sich inhaltliche Widersprüche feststellen. Jeder, der sagt, dass es eindeutige Lügensignale bei Menschen gibt, hat entweder keine Ahnung von der Materie, ist fehlinformiert oder lügt selbst. Es existieren durchaus stichhaltige Hinweise auf eine Lüge, aber es gibt nichts Eindeutiges.

Bei der Suche nach Signalen für Lüge oder Wahrheit ist eines besonders wichtig: Das Setting – die Situation und die Umgebung, in der sich der Mensch befindet, der eine Aussage trifft, ist entscheidend. Wir alle kennen die typischen Beispiele aus Kriminalfilmen, die uns glauben lassen, dass das Aufbauen eines gewissen Drucks auf eine verhörte Person hilft und ihr letztendlich die Wahrheit entlockt. Dass dem nicht so ist, haben nicht zuletzt die brutalen Verhörmethoden in Guantanamo Bay bewiesen, die den Gefangenen weniger Wahrheiten als erhofft entlockten. Oft führt das Aufbauen von Druck sogar zu einem gegenteiligen Effekt.

Will ich einschätzen, ob eine Person die Wahrheit sagt, sollte ich darauf achten, dass ich ihr ein gutes Setting gebe, also ein Umfeld, in dem sie sich wohlfühlt und in dem sie tatsächlich anfängt, Dinge zu berichten. Hat sie erst einmal mit dem Erzählen begonnen, kann dies dazu führen, dass sie Sachen verrät, über die sie zuvor geschwiegen hatte.

Bei der Wahl des Gesprächssettings ist auch der Persönlichkeitsstil des Menschen zu berücksichtigen. Handelt es sich um eine womöglich narzisstisch geprägte Person, kann es vorteilhaft sein, ihr das Gefühl zu geben, sie sei etwas ganz Besonderes. Ich habe kürzlich ein solches Gespräch mit einem jungen Mann geführt, der im Verdacht stand, in seinem Unternehmen anonyme Schreiben an Kollegen verschickt zu haben. Er berichtete sehr schnell davon, dass er bereits im Alter von 22 Jahren selbstständig eine Filiale seines Arbeitgebers leitete – worauf ich bewusst antwortete, dass das ja eine ausgesprochen beeindruckende Leistung sei. Damit erfüllte ich bewusst die narzisstischen Bedürfnisse des Mannes. Bauchgepinselt begann er, mir Dinge zu erzählen, bei denen er sich unbeabsichtigt als Verfasser der anonymen Briefe verriet. Sein Fehler war, dass er in seinem narzisstischen Höhenflug Details nannte, die nur der Verfasser der verleumderischen Schreiben wissen konnte. Bei einer anderen Herangehensweise wäre es möglicherweise nicht gelungen, den jungen Mann so weit zu bringen, sich ungewollt zu verraten.

Oft führe ich Gespräche durch, in denen es darum geht, für bestimmte Personen die Verlässlichkeit und Integrität der Bewerber einzuschätzen. In einem solchen Fall ging es um einen Mann aus dem Bereich des Personenschutzes, der für den Vorstand eines internationalen Konzerns tätig werden sollte. Gleich zu Beginn des Gesprächs machte er den Fehler, zu sagen, er sei ja durch seinen Job und den ständigen Kontakt zu unterschiedlichen Menschen eigentlich ein besserer Psychologe als ich. Das war für mich in dieser Situation wie ein Aufschlag beim Tennis: Ich erklärte ihm also, dass ich absolut beeindruckt von seinen Fähigkeiten sei und seine Arbeit bewundere. Am Ende führte das dazu, dass er zu erzählen begann, wie überlegen er sich anderen Menschen gegenüber fühle. Er hielt sich für schlauer und intelligenter als die Person, die er später beschützen sollte, und äußerte sich auf eine herablassende und arrogante Art über sie. Sein Narzissmus ging schließlich derart mit ihm durch, dass er sich um Kopf und Kragen redete. Die Verantwortung für den Schutz einer wichtigen Person erfordert aber die Fähigkeit, sich selbst im Hintergrund zu halten, weshalb er den Job auch nicht bekam.

Und genau das ist es, worum es bei der Suche nach der Wahrheit geht: Die Menschen dazu zu bringen, dass sie von sich aus beginnen zu erzählen – Druckaufbau und ein schnelles aggressives Herangehen führen dagegen in der Regel zu wenig nutzbaren Informationen.

Im Fernsehen, in den Medien allgemein und in Büchern werden immer wieder falsche Thesen und vermeintliches Wissen über die Möglichkeiten der Lügenerkennung verbreitet, die schlichtweg nicht stimmen. So geisterte viele Jahre die Theorie umher, dass sich anhand gewisser Augenbewegungen Lügen erkennen lassen. Diese Überzeugung hat sich lange gehalten, auch bei Detekteien und gelegentlich sogar bei der Polizei.

Um mit diesem Mythos aufzuräumen, wurde eine Studie durchgeführt, die Fernsehappelle von Eltern vermeintlich oder tatsächlich entführter Kinder miteinander verglich. Nachträglich wurden hierfür zunächst aufgelöste Fälle gesammelt von angeblich entführten oder verschwundenen Kindern mit einer Besonderheit: Deren Eltern hatten Appelle über das Fernsehen an die Öffentlichkeit gerichtet. In der Hälfte der Fälle waren die Kinder tatsächlich entführt worden, in der anderen Hälfte waren die eigenen Eltern die Täter. Durch die Videos ergab sich die einmalige Gelegenheit, den Gesichtsausdruck und die Körperhaltung der Eltern während der Ansprache zu vergleichen.

Das Ergebnis war eindeutig: Augenbewegungen oder Blickrichtungen lassen keine Aussagen zur Bewertung von Wahrheit und Lüge zu. Andere Merkmale, die sehr wohl Rückschlüsse auf Wahrheit oder Lüge zulassen, konnten jedoch identifiziert werden. Einige dieser Warnsignale für mögliche Lügen werden hier nun vorgestellt.

Grob gesagt, gibt es grundsätzlich drei Bereiche, anhand derer man bewerten kann, ob es zumindest Anzeichen dafür gibt, dass eine Person die Wahrheit sagt oder eben nicht. Der erste Bereich umfasst verbale Äußerungen, also das, was wirklich gesagt wird. Der zweite sind die sogenannten *micro expressions*, und der dritte ist die Gestik und Körpersprache einer Person.

Was wir heute *micro expressions* beziehungsweise Mikroexpressionen nennen, beruht auf dem von dem amerikanischen Psychologieprofessor Paul Ekman und seinem Kollegen Wallace Friesen erstmals im Jahr 1978 veröffentlichten Facial Action Coding System (FACS), sprich dem Gesichtsbewegungen-Kodierungssystem. Ekman beschäftigte sich zu dieser Zeit schon sehr lange mit dem Thema Emotionen. In dem Zusammenhang ging es um die Frage, ob Gefühle etwas sind, das wir im Laufe unserer Kindheit lernen, oder ob Emotionen angeboren sind.

Mit dieser Fragestellung begann er damit, bei unterschiedlichen Kulturen in verschiedenen Teilen der Welt Emotionen zu erfassen. Er entwickelte dafür ein spezielles System, mit dem sich Gefühle anhand von Gesichtsmuskelbewegungen erkennen ließen. Die Theorie dahinter lautete: Sind diese emotionalen Ausdrücke in allen Regionen der Welt gleich, spricht das für eine universelle Grundlage und damit dafür, dass Emotionen angeboren sind. Wie sich herausstellte, existieren tatsächlich Basisemotionen, die sich überall auf der Welt gleich äußern und die damit Teil unserer biologischen Ausstattung sind. Man vermutet, dass diese Emotionen auch Teil der frühen Kommunikation waren, als der Mensch noch nicht sprechen konnte. So stellt beispielsweise der Ausdruck von Ekel ein Warnsignal für andere dar. Ähnlich sieht es mit dem Ausdruck von Wut aus, der deutlich macht, dass das Gegenüber sich gerade in einem aufgebrachten Zustand befindet und man besser Abstand hält. Doch es geht bei den Basisemotionen nicht immer nur um Warnungen – auch das Lachen wird dazugezählt, welches eine positive soziale Funktion hat.

Wie hilfreich dieses Wissen sein kann, zeigte sich erst für Ekman, als er gebeten wurde, ein zuvor geführtes Interview mit einer suizidgefährdeten Patientin zu analysieren. Die Frau hatte vor ihrer Einweisung in ein Krankenhaus drei Suizidversuche unternommen, behauptete aber inzwischen, nicht mehr depressiv zu sein, und hatte daher um eine Ausgangsgenehmigung gebeten. Es stellte sich die Frage, ob sie diesen Ausgang nicht doch wieder für einen Selbstmordversuch nutzen würde.

Ekman schaute sich das auf Film aufgezeichnete Interview mit der Patientin an, um zu erkennen, ob sie log. Allerdings fand er zunächst keine Hinweise auf eine falsche Aussage. Die Frau hörte sich optimistisch an und sprach fröhlich. Ekman war geneigt, der Frau zu glauben. Dann aber ließ er sich das mit der Kamera aufgezeichnete Gespräch auf einem speziellen Filmprojektor vorführen, der die Aufnahmen sehr langsam und im Grunde Bild für Bild zeigte. Als die Patientin auf die Frage, ob sie an Selbstmord dachte, mit einem Nein antwortete, fiel Ekman nun auf, dass sie für einen kurzen Moment einen Ausdruck von Angst zeigte. Dies führte ihn zu der Überzeugung, dass die Frau mit ihren Worten nicht die Wahrheit sagte.

Mittlerweile wissen wir, dass sich derartige Mikroexpressionen von einem Menschen nur sehr schwer beeinflussen oder gar unterdrücken lassen. Sie stellen daher ein Mittel dar, um eine Diskrepanz zwischen einer Aussage und dem tatsächlich Gefühlten zu entdecken. Allerdings gelingt das nur wirklich gut geschulten und mit dem Thema vertrauten Menschen: Denn der Begriff Mikro steht vor allem dafür, dass sich diese Emotionen kaum eine Sekunde lang in einem Gesicht ablesen lassen.

Auch über die reinen Mikroexpressionen hinaus geben uns emotionale Ausdrücke vielfach Hinweise. So wurden im Rahmen einer Studie Menschen befragt, die zuvor von anderen angegriffen worden waren. Dabei wurden ihnen Bilder unterschiedlicher Gesichtsausdrücke vorgelegt, verbunden mit der Frage, welcher Gesichtsausdruck dem des Angreifers entspreche. In den meisten Fällen erkannten die Angegriffenen Gesichtsausdrücke wieder, die Wut, Verachtung und Ekel zeigten – begegnen wir also jemandem, in dessen Gesicht sich solche Emotionen spiegeln und der uns feindselig gegenübertritt, kann es ratsam sein, die Beine in die Hand zu nehmen.

Ebenfalls möglich ist das Erkennen vorgetäuschter Gefühle. Ein häufiges Beispiel ist das falsche Lächeln. Auffällig sind in diesem Zusammenhang vor allem Emotionen im Gesichtsausdruck eines Menschen, die manchmal wie erstarrt wirken. Denn die meisten normalen und echten emotionalen Ausdrücke kommen schnell, sie gehen aber auch schnell wieder weg. Ein erstarrt emotionaler Gesichtsausdruck kann daher die Ursache haben, dass ein Mensch überrascht wurde und etwas verbergen will. Ein falsches Lächeln lässt sich sogar relativ leicht entlarven. Bei einem echten Lächeln sind ebenfalls Muskeln im unteren Augenbereich aktiv, das falsche Lächeln bewegt nur Muskeln im Mund- und Wangenbereich. An einem Satz wie »Die Augen lachen mit« ist also durchaus etwas dran. Wir können das sogar jederzeit bei einem beliebigen Restaurantbesuch beobachten, wenn etwa ein Kellner mit gekünsteltem Lächeln an den Tisch tritt und dieses Lächeln beim Umdrehen sofort wieder wie auf Knopfdruck ausschaltet. Ein falsches Lächeln bedeutet somit nicht, dass jemand automatisch lügt, es geht vielmehr darum, reale Stimmungen oder Emotionen auf diese Weise zu maskieren.

Ein weiteres wichtiges Thema bei der Beschäftigung mit Lüge und Wahrheit ist die Körpersprache – ein Bereich, den ich in der realen Fallarbeit sehr wichtig finde. Denn wir Menschen sind sehr gut darauf gepolt, unseren Gesichtsausdruck zu kontrollieren, doch was wir mit unseren Armen oder Beinen machen, kontrollieren wir in der Regel nicht so gut. Ein nettes Beispiel hierfür ist das Phänomen der sogenannten *happy feet*. Damit ist ein entspanntes Wippen der Füße gemeint als Ausdruck von Freude. Würde man bei einer Kartenrunde beispielsweise bei einem Gegenspieler so ein freudiges Wippen erkennen, dann ist Vorsicht geboten, denn er hält vermutlich ein gutes Blatt. Um dies zu beobachten, muss man nicht einmal unter dem Tisch nachschauen. Sobald die Füße sich so freudig hin- und herbewegen, überträgt sich das auf den Oberkörper, und das lässt sich besonders an der mitschwingenden Kleidung gut erkennen. Aber nicht nur beim Spiel sind die *happy feet* vorzufinden. Bemerkt man in Gesprächen oder Verhandlungen auf einmal, dass jemand mit dieser Bewegung der Füße anfängt und vergnügt weiterwippt, dann signalisiert er damit unbewusst, dass er sich gerade wohlfühlt.

Man weiß mittlerweile, dass es in der Gestik Wahrheitssignale gibt, die sogenannten Illustratoren. Wenn ich etwa das Gesagte mit willkürlichen und damit nicht bewusst gesteuerten Gesten meiner Hände unterstreiche, spricht das dafür, dass ich mich wohlfühle – und dass ich die Dinge so sage, wie sie tatsächlich sind.

Ebenfalls unbewusst wird aber auch ein anderer Typ von Gesten ausgeführt: die Adaptoren. Mit ihnen versuchen wir, unsere Emotionen zu regulieren. Ein Beispiel wäre ein Griff ans Ohrläppchen, mit dem wir uns zu beruhigen versuchen.

Wird eine solche Geste gezeigt, kann sie ein Signal sein, dass eine Person sich unwohl fühlt, obwohl sie mit ihrem Gesicht vielleicht weiterhin Souveränität vorspielen will.

Viele Faktoren sind dabei dynamisch, sie lassen sich also an der Veränderung erkennen, die im Laufe einer Situation erfolgt. Eine unterstreichende Gestik spricht also für eine gewisse Wahrhaftigkeit, kommt es aber zu einem Wechsel, und der Mensch beginnt damit, sich zu beruhigen, oder erstarrt gar, kann das eben darauf hinweisen, dass »da etwas ist«. Dabei sagt eine solche Veränderung natürlich nicht automatisch, dass diese Person lügt. Aber sie zeigt, dass es innerhalb des behandelten Themenbereichs etwas gibt, das der Person unangenehm ist und ein weiteres Nachfragen ratsam macht.

Die Strategie beim Erkennen eines solchen Wechsels im Verhalten einer Person besteht darin, dass man zunächst wieder auf ein neutrales Thema zu sprechen kommt. Dabei beobachtet man dann, wie das Basisverhalten einer Person aussieht – wie sie sich also bewegt oder gestikuliert, wenn ihr das Thema nicht unangenehm ist. Bei jedem Gespräch oder Interview, bei dem es um etwas Wichtiges geht – also auch bei einem Einstellungsgespräch –, wird die interviewte Person anfangs meist etwas nervös sein, bald aber wird sich die Basisrate des Verhaltens zeigen und damit das normale Verhaltensmuster.

Habe ich eine Person durch ein unverfängliches Thema auf diesem Basisverhalten beobachtet und wechsle dann wieder zurück zu jenem Thema, das eher problematisch oder unangenehm erschien, und kommt es erneut zu einer signifikanten Veränderung des Verhaltens, zeigt es mir deutlich, dass es sich um einen Bereich handelt, bei dem sich das weitere Nachfragen lohnen kann.

Damit verbunden ist eine weitere Grundregel menschlichen Verhaltens: Sehen wir uns einer Gefahr ausgesetzt, haben wir drei unterschiedliche Reaktionsmöglichkeiten. Die erste ist die Fluchtreaktion, die zweite ist die Kampfreaktion, und die dritte Reaktion zeigt sich in einem Erstarren, was oftmals einen Totstellreflex darstellt. Auch wenn wir uns in einem Gespräch bedroht fühlen, kann dies dazu führen, dass wir eine dieser Reaktionen mit unseren Extremitäten zeigen. Wenn eine Person während eines Gesprächs plötzlich wie erstarrt wirkt, kann es sein, dass sie die Situation in diesem Moment als bedrohlich empfindet. Ähnlich sieht es aus, wenn die Füße plötzlich in eine Fluchtrichtung bewegt werden – wenn eine Person also aus einer entspannten Sitzhaltung dazu übergeht, etwa Unterschenkel und Füße nach hinten unter den

Stuhl zu ziehen, sich dazu vielleicht noch mit den Händen auf der Sitzfläche abstützt. Die Fußhaltung nimmt demnach unsere Verhaltenstendenz vorweg und signalisiert hier ein »Ich will hier weg«.

Das Wissen über diese Verhaltensmuster und die Gestik kann bei der Suche nach Wahrheit oder Lüge äußerst hilfreich sein. Vor allem, weil sie im Vergleich mit den Mikroexpressionen wesentlich deutlicher, zeitlich länger und damit leichter zu erkennen sind. Sehr interessant sind dabei die bereits kurz angesprochenen Selbstberuhigungsgesten. Jeder kennt sie grundsätzlich und hat sie schon bei sich selbst oder bei anderen bemerkt. Etwa wenn vor einem wichtigen Termin der Krawattenknoten noch einmal nachgezogen wird, oder wenn wir uns einfach nur mit der Hand über den Unterarm streichen. In einem Gesprächsrahmen sind solche sich selbst beruhigende Handlungen ein Indiz dafür, dass ein Mensch an einem Punkt der Unterhaltung einen Grund zur Besorgnis hat. Auch hier gilt: Um die Geste verstehen zu können, ist immer der Kontext wichtig, man muss sie also einordnen können in einen Zusammenhang. Dann aber kann die damit gewonnene Erkenntnis sehr hilfreich sein, vor allem, weil der Mensch sich entsprechendes Verhalten sehr schwer abgewöhnen kann. In einem Gespräch kommt hinzu, dass die Aufmerksamkeit und Konzentration vor allem auf den Inhalt gerichtet sind. Wird zudem noch eine Unwahrheit erzählt, schluckt das viele gedankliche Kapazitäten und lässt eine Konzentration auf Bewegungen und Gesten nur sehr eingeschränkt zu.

Eine Ausnahme stellen psychopathische Charaktere dar, zu deren Merkmalen es ja zählt, dass sie sowieso sehr schwer aus der Fassung zu bringen sind. Sie zeigen also in der Regel nicht diese Nervositätssymptome. Daher überstehen sie auch eher Lügendetektor-Tests, weil diese Geräte ebenfalls auf Stresssymptome reagieren.

Ohnehin ist bei der Beobachtung von Veränderungen im Verhalten eines Menschen immer der grundlegende Persönlichkeitsstil zu berücksichtigen. Eine dramatische Person wird vermutlich mehr und ausladender gestikulieren, als es andere Menschen tun würden. Auch hier ist wieder die Regel zu beachten, dass zunächst mit einem unverfänglichen Thema das Basisverhalten analysiert wird, um etwaige Veränderungen erkennen zu können.

Ein weiterer Bereich neben Mikroexpressionen und Gesten ist bei der Lügenerkennung das verbale Verhalten, sprich, was eine Person inhaltlich sagt. Studien zeigen, dass es bei der Suche nach der Wahrheit helfen kann, wenn ich eine Person nicht anschaue, sondern alleine auf ihre Worte achte – dass ich mich also nicht von einem Gesichtsausdruck oder einer Geste ablenken lasse, sondern mich ausschließlich auf das Inhaltliche konzentriere.

Bei einer Ermittlung in einem Fall werden Interviews daher in der Regel von zwei Befragern durchgeführt, weil es einer einzelnen Person kaum möglich ist, alle relevanten Facetten zu beachten. Zumal bei einer ermittelnden Person viel gedankliche Kapazität dadurch gebunden ist, dass sie nicht nur zuhört und beobachtet, sondern selbst ja Fragen formuliert und stellt.

Bei den verbalen Inhalten lässt sich letztendlich nur eines ausmachen, das in der Reaktion eines Menschen einen tatsächlich deutlichen Hinweis auf eine Lüge darstellt: die inhaltlichen Widersprüche. Es gibt aber noch weitere verbale Indizien für eine Lüge – etwa wenn ein Mensch plötzlich eine Sprechpause einlegt, wenn er mit einem Verdacht konfrontiert wird. Denkt sich jemand gerade eine Unwahrheit aus, bindet das eine gewisse Menge gedanklicher Energie, und genau das kann dazu führen, dass diese Sprechpause nötig wird. Aber natürlich kann ein solches Schweigen auch eine Schockreaktion sein, da die Person sich durch die Frage bedroht fühlt, obwohl sie die Wahrheit sagt.

Was sich ebenfalls feststellen lässt, wenn ein Mensch lügen will: Er antwortet oftmals nicht sofort direkt auf eine Frage. Vielmehr reagiert er erst einmal ausweichend, oder er erzählt etwas völlig anderes. Meist geschieht das, weil er die Wahrheit zwar nicht sagen will, aber noch keine passende Lüge parat hat. Auch eine Gegenfrage statt einer Antwort kann ein Hinweis darauf sein, dass ein Mensch in seiner Aussage nicht spontan, ehrlich oder authentisch ist. Interessant wird es zudem, wenn Personen sich verbal distanzieren und im Gespräch etwa von »ich« zu »man« wechseln. Oder wenn nicht mehr von »wir« gesprochen wird, sondern von »er« und »ich«. Solche verbalen Distanzierungen sind ein Hinweis auf eine Unwahrheit, weil die Person innerlich von einer verräterischen Situation Abstand nimmt und das verbal zum Ausdruck bringt.

Bei meiner Arbeit als Kriminalpsychologe gilt jedoch auch, dass es nicht immer nur darum geht, was dagegen spricht, dass jemand die Wahrheit sagt – es geht ebenso darum, was dafür spricht.

So gibt es bei der Lüge oftmals die Tendenz, dass sie mit zu vielen Details ausgeschmückt wird, um wahrhaftiger zu wirken, da der Lügende vermutet, dass die vielen Einzelheiten seine Aussage glaubhafter erscheinen lassen. Ein Indikator, der in eine andere Richtung zielt, ist dagegen eine Äußerung, die in der Aussagepsychologie als »Schildern unverstandener Vorgänge« bezeichnet wird. Es wird also erzählt, es sei »irgendein Typ« vorbeigekommen, von dem man gar nicht wisse, was der dort wollte, oder man habe »so ein komisches Geräusch« gehört, das man gar nicht einordnen konnte – das sind Beispiele für Schilderungen unverstandener Vorgänge. Wichtig in diesem Zusammenhang ist das Wissen, dass Lügner selten Handlungen fabrizieren, die sie nicht verstehen. Werden also unverstandene Vorgänge geschildert, spricht das eher dafür, dass die Wahrheit gesagt wird. Umgekehrt werden Vorgänge bei einer Lüge oftmals sehr klischeehaft geschildert – das gilt gerade, wenn es sich um Kriminalfälle handelt.

Der Umfang einer Erzählung lässt ebenfalls Rückschlüsse auf Wahrheit und Unwahrheit zu. Wir lassen bei unserer Arbeit häufig Menschen ihren Tagesablauf erzählen. Also was sie morgens taten, was dann folgte und so weiter. Wenn dieser Mensch vier Minuten über die eine Stunde des Tages berichtet, über die nächste ebenfalls knappe vier Minuten, eine spätere Stunde allerdings in nur

40 Sekunden zusammenfasst, kann dieses »Vorspulen« darauf hinweisen, dass in dem Zeitraum etwas Unangenehmes geschehen ist, über das man hinweggehen möchte. Auch hier kommt allerdings wieder der Begriff der Basisrate zum Tragen. Es hängt immer davon ab, in welchem Umfang ein Zeitraum von der Person üblicherweise geschildert wird, um auf dieser Basis die Abweichung ausmachen zu können.

Das alles verdeutlicht, dass man im Bereich der Lügenerkennung immer nur relative Anhaltspunkte hat. Wichtig ist deshalb die Zusammenführung aller Auffälligkeiten. Gibt es Bemerkenswertes in den verbalen Aussagen und dazu noch körperliche Verhaltensweisen, die auf Stress hinweisen und die vielleicht zudem von unpassend wirkenden emotionalen Ausdrücken begleitet sind, dann ist all das ein guter Indikator, dass »etwas im Busch« ist.

Leichte Lügen, schwere Lügen – wir lügen täglich

Im Endeffekt handelt es sich bei einer solchen Strategie der Wahrheitsfindung um ein hilfreiches Werkzeug. Doch immer wieder muss betont werden: Ein hundertprozentig sicheres Mittel der Lügenerkennung gibt es nicht. Denn wenn wir ehrlich sind, müssen wir uns eingestehen, dass wir eigentlich ständig lügen und daher geübt darin sind. Damit meine ich nicht, dass wir ständig Straftaten oder ungebührliches Verhalten zu verschleiern versuchen. Es geht vielmehr um das, was die Amerikaner als »white lies« oder »social lies« bezeichnen. Wir sagen anderen, dass sie wieder einmal hervorragend aussehen, dass wir uns freuen, sie zu sehen, und uns sehr gerne mit ihnen unterhalten, obwohl das Gegenteil der Fall ist. Solche sozialen Lügen sprechen wir täglich aus – in der Regel mehrmals an einem Tag. Dazu tragen wir noch die entsprechende soziale Maske wie etwa ein künstliches Lächeln.

Diese alltäglichen und meist prosozialen Lügen fallen uns meist sehr leicht. Schwieriger wird es, je zentraler und bedeutender die Lüge für den Menschen ist, der sie benutzt. Lügen, die in Stress-

oder persönlichen Notfallsituationen genutzt werden, sind in der Regel nicht eingeübt, und vor allem berühren sie die Person tiefer als die alltägliche soziale Lüge.

Wollen wir uns in unserem Alltag intensiver mit dem Erkennen von Lügen beschäftigen, liegt eine schwierige Aufgabe vor uns, da wir es mit einer Vielzahl von Faktoren zu tun haben. Wer tiefer in das Thema eintauchen möchte, sollte es sehr ernsthaft tun. Denn einen Menschen einer Lüge zu bezichtigen stellt eine massive Beschuldigung dar. Es lohnt sich durchaus, sich mit dem Thema zu beschäftigen, aber immer mit aller Demut und viel Zeit. Mit Wissen und vor allem Übung wird ein Mensch tatsächlich besser darin werden, Ungereimtheiten oder Auffälligkeiten einer Person zu erkennen.

Ich selbst beschäftige mich seit vielen Jahren mit der Thematik. Und ich muss aus heutiger Sicht sagen: Diese Jahre waren notwendig, um bei einem Gespräch mit einiger Sicherheit die Punkte zu erkennen, an denen es hakt und an denen ein weiteres Nachfragen ratsam erscheint, um der Wahrheit auf die Spur zu kommen.

Die passiv-aggressive Persönlichkeit: Der verdeckte Widerstand

Wenn Zuspätkommen zur Protesthaltung wird

So schwer Lügen zu entlarven sind, so schwer ist die passiv-aggressiv geprägte Persönlichkeit zu greifen. Sie zeichnet sich nämlich dadurch aus, dass sie im Grunde wie Knetgummi ist. Versucht man, sie zu packen, verändert sie ständig ihre Form. Grundsätzlich haben solche Menschen ein Problem mit Autorität. Das hängt auch mit ihren Eltern zusammen. Häufig handelt es sich bei Vater oder Mutter um jemanden, der Autonomie nicht respektierte und etwa die Sachen des Kindes durchsuchte oder es vor anderen bloßstellte. Passiv-aggressive Menschen haben daher schon früh erleben müssen, dass sie Autoritäten nicht trauen können. Dazu kommt eine zweite Erfahrung: Sagten sie den Eltern, dass sie zum Beispiel das Durchsuchen ihrer Sachen nicht möchten, mussten sie feststellen, dass diese von ihnen gezogene Grenze von den Eltern immer wieder überschritten wurde. Was sie auf diese Weise früh erlernten, war die Überzeugung, dass ein direkter Widerstand nicht sein Ziel erreicht und vielleicht sogar gefährlich werden kann.

Im Erwachsenenalter äußern diese Personen deshalb nicht mehr direkt, was sie wollen oder vor allem nicht wollen. Passiv-aggressive Charaktere sagen nie direkt Nein, vor allem gegenüber sozial höher stehenden Personen nicht. Vielmehr drücken sie ihren Unwillen indirekt aus, indem sie zum Beispiel zu einem Termin zu spät kommen. Dies lässt sich psychologisch als eine Art Wider-

Die passiv-aggressive Persönlichkeit: Der verdeckte Widerstand

standshandlung verstehen. Werden sie jedoch direkt darauf angesprochen, werden sie das nie zugeben, sondern Ausflüchte nutzen – der Bus habe sich verspätet oder etwas in der Art. Sollen sie im Beruf jemandem zuarbeiten, werden sie vordergründig zustimmen:»Klar, mache ich.« Am Ende aber werden sie es nicht tun oder die Arbeit hinauszögern. Dabei nutzen sie Ausflüchte, beispielsweise: Jemand habe angerufen, und daher konnten sie die Aufgaben nicht erledigen. Der Widerstand ist also niemals offensichtlich, sondern wird hinter den Kulissen ausgeführt. Was sie jedoch selbst nie zugeben würden, schon gar nicht gegenüber Ranghöheren.

Passiv-aggressive Personen äußern sich allerdings unter Gleichrangigen immer wieder kritisch über ihre Vorgesetzten oder die Firma, kurz, sie nölen gerne.

Wegen dieser Eigenschaften stellen sie oft ein Problem für den sozialen Frieden dar – nicht zuletzt, weil die Struktur ihres Verhaltens für andere nur schwer zu erkennen ist. Hinzu kommt, dass es schwer ist, mit ihnen umzugehen. Sie stellen in einem Betrieb oft so etwas wie verdeckte Bremser beziehungsweise Saboteure dar.

Werden sie auf gleicher Ebene von Kollegen auf die Schwierigkeiten angesprochen, die sie verursachen, werden sie ausweichen – Knetgummi eben. Schalten sich Autoritäten, etwa Vorgesetzte, ein, dann verstärken sie ihr passiv-aggressives Verhalten meist noch, weil die Angesprochenen ja ihr grundlegendes Autoritätsproblem mit sich herumschleppen. Letztendlich zählen Passiv-Aggressive zu den schwierigsten Mitarbeitern, die ein Unternehmen haben kann. Wird ihnen eine Aufgabe übertragen, muss diese sehr genau umrissen werden, indem genau erklärt wird, was zu tun ist und bis wann es erledigt sein soll. Doch selbst dann sollte der Mitarbeiter weiter genau im Auge behalten und immer wieder nach den Zwischenergebnissen gefragt werden.

Ich habe in einem Finanzunternehmen in einem solchen Fall beraten. Dort gab es einen schwierigen Mitarbeiter, der unglücklicherweise in eine für den Ablauf eines Projekts sehr wichtige Position gekommen war. Die für das Projekt zentralen Ergebnisse lieferte er jedoch nie rechtzeitig und verschleppte Dinge immer wieder. Besonders problematisch wurde der Fall, weil diese Person zusätzlich eine querulatorische Dynamik aufwies. Letztendlich brachte dieser Mensch in seinem Unternehmensbereich viele Kollegen regelrecht zur Weißglut. Er band durch die für ihn typischen Verzögerungen viele Ressourcen und kostete die Firma damit sehr viel Geld. Die Beschäftigten des Unternehmens verstanden aber nicht, was mit dieser Person los war, da passiv-aggressives Verhalten so schwer greifbar ist. Schließlich wurden wir als Berater hinzugezogen. Wir konnten das Problem zumindest teilweise lösen, indem wir deutlich machten, dass der Mitarbeiter jemanden zur Seite gestellt bekommen musste, der ihm klar sagte, was er zu tun hatte – ohne dabei eine Autoritätsrolle zu besetzen und die Anweisungen quasi von oben herab zu geben. Der Mitarbeiter hatte dadurch eine Klarheit, was zu tun war, und wurde dabei relativ eng geführt. Am Ende war der Mann zwar weiterhin kein hoch motivierter Mitarbeiter, der exzellente und schnelle Ergebnisse lieferte, aber zumindest konnten so recht zuverlässig Arbeitsabläufe eingehalten werden.

Jedem Leser dürfte vor diesem Hintergrund deutlich werden, dass sich passiv-aggressive Menschen schwertun, wenn es um das Erklimmen der Karriereleiter geht. Man wird sie daher sehr selten in hochrangigen Führungspositionen wiederfinden. Wenn sie Karriere machen, dann eher im Windschatten anderer, die sie mitziehen. Das geschieht vor allem, wenn sie fachlich sehr qualifiziert sind – was durchaus regelmäßig vorkommt. Eine fachliche Teamleitung ist so durchaus für den Passiv-Aggressiven zu erreichen, die Spitzenposition kaum – zumal diese Persönlichkeiten das häufig selbst vermeiden möchten.

Mit Gelassenheit – der Passiv-Aggressive im Freundeskreis

Im Privaten zeichnet sich dieser Menschentyp durch ein ähnliches Verhalten aus wie am Arbeitsplatz. Gibt es einen Konflikt oder fühlt

Die passiv-aggressive Persönlichkeit: Der verdeckte Widerstand

sich die Person ungerecht behandelt, reagiert sie auch hier mit den typischen Verweigerungshandlungen. Sie erscheint nicht zu einem Treffen, sie kommt zu spät oder lässt einfach nichts mehr von sich hören. Das kann Partner und Freunde regelrecht zur Verzweiflung bringen – vor allem weil auf eine Nachfrage, was eigentlich los sei, die Antwort wahrscheinlich lauten wird, dass alles in Ordnung ist. Will das Umfeld den Kontakt aufrechterhalten, muss es mit solchen Reaktionen leben können. Ein Fehler wäre es, diese Person mit einer entlarvten Lüge zur Rede zu stellen: Der Zug habe sich gar nicht verspätet, wie erzählt wurde, das sei eine wissentliche Ausrede gewesen. Ein solches in gewisser Weise autoritäres Herangehen würde das passiv-aggressive Verhalten nur verstärken, da es ja dem Auslöser aus Kindheitstagen entspricht und dem gelebten Motto, dass Widerstand zwecklos ist.

Sinnvoller wäre es, das Problem oder Thema auf eine ruhige oder unterstützende Art und Weise anzusprechen: Uns sei es wichtig, dass der Freund pünktlich erscheine, es wäre schön, wenn er sich bemühen würde, das zu schaffen. Auf diese Weise wird der andere nicht gezwungen und muss nicht zugeben, dass er solche Absprachen häufig nicht einhält oder Termine verschleppt. Das kann in Maßen funktionieren – erfordert aber eine gewisse innerliche Gelassenheit kombiniert mit Beharrlichkeit.

Aggression: Zwischen kalter Wut und heißer Wut

Wie urzeitliche Verhaltensmuster uns bis heute prägen

Bei Säugetieren und damit auch bei Menschen gibt es zwei biologisch tief verwurzelte Formen aggressiven beziehungsweise dominanten Verhaltens. Die eine Form kann man als heiße Aggression bezeichnen, die andere als kalte Aggression. Die heiße Form tritt in Situationen auf, in denen wir uns bedroht fühlen. Ursprünglich entstanden ist sie in lang vergangenen Zeiten durch reale körperliche Bedrohungen. Regt sich heute ein Mensch auf oder ist er wütend, befindet er sich im Zustand dieser heißen Aggression.

Die heiße Aggression benötigt immer einen Auslöser. In der Frühzeit unserer Entwicklungsgeschichte war das eine Gefahr durch ein wildes Tier oder einen anderen Menschen, der uns bedrohte. Dieses Erbe führt heute noch zu einer Situation, die jeder Autofahrer kennt, wenn er zu einer Vollbremsung genötigt wird. Schert vor uns auf der Autobahn etwa ein Lastwagen aus, und wir müssen plötzlich in die Eisen treten, entspricht unsere Reaktion dem, was früher vielleicht durch die Begegnung mit einem Säbelzahntiger ausgelöst wurde: Wir haben einen starren und fokussierten Blick – wir schauen nicht nach links oder rechts, während wir bremsend auf den Lastwagen zurutschen. Ähnlich ist es bei einem Streit oder Konflikt. Wir sind dann komplett auf den anderen fokussiert und können auch innerlich im übertragenen Sinne nicht mehr nach links oder rechts blicken. Das hat evolutionär natürlich den Sinn gehabt, dass wir uns voll und ganz auf den Gegner konzentrieren, weil genau das für unser Überleben wichtig war. Stress wie während der Bremsung stellt im Grunde das gleiche Muster dar. Alles geschieht in einer solchen Phase übrigens automatisch, ohne dass wir nachdenken. Wir treten auf die Bremse und tun, was notwendig ist, bevor wir es gedanklich verarbeiten können. Das ist sehr sinnvoll vor dem Hintergrund der Evolution: Wer früher beim Anblick eines Gegners erst einmal nachdachte, war in der Regel sehr schnell tot.

Hinzu kommt, dass in einem solchen Moment blitzschnell unser gesamter Kreislauf aktiviert wird – unser Herz schlägt schneller, der Puls rast. Unser Körper reagiert also auf die Gefahr, indem er uns das Maximum an Kraft und Energie zur Verfügung stellt, weil es ursprünglich um das reine Überleben ging. Die heiße Aggression wird daher auch als Kampf-oder-Flucht-Reaktion bezeichnet.

Eine Teilnehmerin an einem meiner Seminare hat einmal von einer Situation berichtet, in der sie überfallen wurde und der Täter sie vergewaltigen wollte. Sie ist über eine sehr hohe Mauer geflüchtet, denn sie wusste instinktiv, dass sie auf der anderen Seite in Sicherheit war. Dieses Gefühl der Sicherheit führte dazu, dass sie wieder ruhiger wurde und ihre Lage besser überblicken konnte – als die Gefahr vorüber war, stand sie auf der anderen Seite der Mauer und kam aus eigener Kraft nicht mehr zurück. Die heiße Aggression hatte ihr die nötige Stärke verliehen, um sich vor dem Angreifer in Sicherheit zu bringen. Sie hatte ihr damit Fähigkeiten zur Verfügung gestellt, auf die sie in einer ungefährlichen Situation nicht mehr zurückgreifen konnte.

Das ist ein Beispiel dafür, wie gut dieses tief in uns verwurzelte Programm heute noch funktioniert.

Wir haben jedoch nicht die Möglichkeit, uns bewusst und willentlich in die heiße Aggression zu versetzen, um Zugriff auf diese verborgenen Kräfte zu bekommen und sie zu nutzen. Wir benötigen dafür ein empfundenes Gefühl von Bedrohung – es handelt sich nicht um eine freie Entscheidung. Was wir aber zumindest in gewissem Maße nutzen könnten, ist der Umweg über die Vorstellungskraft. Wenn wir also an jemanden denken, den wir inbrünstig hassen, oder wenn wir uns gedanklich vielleicht in einen schon lange schwelenden Nachbarschaftsstreit hineinversetzen, können wir uns ein Stück in die heiße Aggression bringen – wir würden aber niemals über die beschriebene Mauer kommen ohne eine tatsächlichen Bedrohung.

Was neben dem fokussierten Blick und dem beschleunigten Herzschlag ebenfalls typisch für die heiße Aggression ist, ist eine Anspannung der Muskeln. Das zu wissen ist vorteilhaft, da wir manchmal in einer alltäglichen Stresssituation in die Aggression rutschen, ohne dass wir uns dessen wirklich bewusst sind. Die Anspannung und die Körperhaltung können uns dann einen Hinweis darauf geben, was gerade in uns vorgeht. Häufig sind nicht nur die Muskeln allgemein angespannt, wir ballen auch die Hände zu Fäusten, sitzen leicht nach vorne gebeugt, und manchmal sind zudem die Gesichtsmuskeln angespannt, die Lippen zusammengepresst. Unser Körper ist also bereit, entweder zu kämpfen oder zu fliehen. Dass all das in unserem hoch zivilisierten Umfeld immer noch mit uns geschieht, hat einen klaren Grund: Dieses gesamte Programm hat sehr gut funktioniert, und es funktioniert weiterhin sehr gut, wie das Beispiel mit der Flucht über die Mauer eindrucksvoll unterstreicht.

Allerdings kann das schnelle und impulsive Handeln in einem solchen Zustand problematisch werden, wenn wir im Alltag etwa aggressive Äußerungen aussprechen, die wir mit etwas Überlegung nicht gesagt hätten. Nehmen wir als Beispiel noch einmal die von einem Lastwagen vor uns ausgelöste Vollbremsung. Würde der Fahrer aussteigen, nachdem wir zum Stehen gekommen sind, und fürsorglich fragen, ob alles in Ordnung sei, könnte es sein, dass wir immer noch wütend sind und ihn anbrüllen – weil eben die Aggression zu diesem Zeitpunkt noch in uns steckt und wir nicht klar denken können. Diese reaktive Aggression, die mit einem Anstieg des Adrenalinspiegels verbunden ist, baut sich aber nicht nur in einem einzelnen gefährlichen Moment blitzschnell auf, sie kann

Aggression: Zwischen kalter Wut und heißer Wut

sich auch über einen gewissen Zeitraum in Form eines fortlaufenden Stressaufbaus zeigen. Haben wir einen stressreichen Tag, an dem eines zum anderen kommt, steigt unser Adrenalinspiegel kontinuierlich an, während wir womöglich gar keine Möglichkeit haben, diesen abzubauen. Bis der Pegel von selbst wieder zurückgeht, dauert es aber eine Weile. Kommt also ein Stressfaktor zum anderen, kann das dazu führen, dass eine Person regelrecht in einem bestimmten Augenblick auszuflippen scheint. Tatsächlich ist sie aber bereits in der Zeit davor Stufe um Stufe auf der Aggressionstreppe nach oben gestiegen und hat nun die finale Ebene erreicht hat, auf der es zur Explosion kommt.

Befinden wir uns selbst auf dem Weg eine solche Treppe hinauf, sind Selbstbeobachtung oder Selbstkenntnis hilfreich, um den finalen Ausbruch zu verhindern. Merke ich also, dass ich in eine derartige Situation gerate, sollte ich versuchen, nicht weiterzugehen – weil jede Stufe letztendlich auch unsere Selbstkontrolle verschlechtert.

Denn anders als bei einer plötzlich entstehenden Situation, bei der wir nicht klar denken können, ist uns dies bei einem langsameren Gären der Wut durchaus noch möglich. Ein Anhaltspunkt, dass da etwas in uns im Gange ist, besteht darin, dass wir bemerken, wie unsere Gedanken zunehmend feindseliger werden. Wir werden im Gespräch lauter und emotionaler. Hilfreich ist dann ein Gegensteuern durch die sogenannte positive Selbstinstruktion, bei der wir uns etwa sagen, wir sollten uns beruhigen, schließlich hätten wir so etwas doch schon häufig durchlebt und gemeistert.

Es gibt in der heißen Aggression zwei Emotionen: Die eine ist die Wut, die hin zu einem Gegner führt – sie ist also das Gefühl für den Angriff. Das Gegenteil davon stellt die zweite Emotion dar, nämlich die Angst, die weg vom Gegner führt – das Gefühl für die Flucht.

War der Auslöser für diese Emotionen früher überwiegend ein menschlicher Feind oder ein bedrohlich wirkendes Tier, so geht es heute um die Bedrohung unseres Selbstwerts oder unserer Würde. Es geht darum, dass wir wahrgenommen werden wollen – ich habe ein wichtiges Thema, aber ich habe das Gefühl, der andere will sich einfach nicht dafür interessieren. Das ursprüngliche Programm zum Umgang mit körperlicher Gefahr erstreckt sich inzwischen auf das Feld der Bedrohung wichtiger Interessen.

Erklären lässt sich das durch die Tatsache, dass wir Menschen äußerst soziale Wesen sind. Und genau in diesem Zusammenhang stellt ein Angriff auf unsere Würde oder unseren Selbstwert durchaus eine Bedrohung dar. Der Auslöser ist immer universell, nämlich eine Bedrohung jeglicher Art: Wie ein Mensch darauf reagiert, ist jedoch individuell. Jeder von uns hat erlebt, dass manche Menschen schneller als andere ausrasten. Das hat immer damit zu tun, wie schnell der Einzelne sich etwa in seinem Selbstwert und seiner Würde bedroht fühlt. Und mancher lernt in seinem Leben einen besseren Umgang mit derartigen Bedrohungsgefühlen, sodass sie oder er gar nicht mehr oder nur sehr spät in die heiße Wut gerät.

Das Grundmuster ist also biologisch verankert, wann und wie es ausgelöst wird, ist dagegen durch unsere eigene Bewertung geprägt, was wir als bedrohlich oder gefährlich empfinden.

Ein großer Vorteil der heißen Wut oder Aggression besteht darin, dass sie sehr schnell kommt – dann aber auch schnell wieder geht. Sobald ein Mensch sich nicht mehr bedroht fühlt, sinkt seine Aggressionsbereitschaft rasch. Was dagegen nicht angenehm ist, ist die Tatsache, dass die heiße Aggression ansteckend ist. Wird jemand in unserem Umfeld wütend und laut, nimmt das Programm manchmal auch bei uns seinen Lauf. In einem solchen Fall sollten wir versuchen, zunächst bei uns selbst gegenzusteuern, um im Anschluss auch den wütenden Kollegen zur Ruhe zu bringen. Was oft einfacher ist, als es scheint. Wie gesagt, die heiße Aggression ist kein bewusst gesteuertes Programm. Und wer heiße Wut spürt, der benötigt einen Grund dafür – geht der verloren, lässt sich die Aggression nicht mehr aufrechterhalten. Wütet und schimpft ein Kollege also lautstark, kann es schon sehr helfen, wenn wir ihn in ruhigem und freundlichem Ton fragen, was eigentlich los sei. Es mag sich fast banal anhören, aber zeigen wir Freundlichkeit und ehrliches Interesse, fällt es dem Gegenüber meist schwer, die Wut aufrechtzuerhalten. Wir dürfen dabei die Situation natürlich nicht bagatellisieren, aber wenn wir beispielsweise sagen, dass wir die Schwierigkeit der Situation durchaus nachvollziehen können, sinkt die Aggressionsbereitschaft bei dem anderen meist schnell wieder.

Was wir bei der heißen Wut zudem noch beachten sollten: Es geht dabei nicht nur um unsere eigene Reaktion, sondern auch um unsere Wirkung auf unser Gegenüber. Zur Verdeutlichung zur Abwechslung ein Beispiel aus der Tierwelt, in der es vergleichbare Verhaltensmuster gibt: Mein Hund hört auf den Namen Theo, und er ist mit einem Lebendgewicht von rund drei Kilogramm kein Wesen, das in irgendeiner Art gefährlich wirkt. Bei Begegnungen mit anderen Hunden, die ein Vielfaches seines Gewichts haben, schreckt er manchmal trotzdem nicht zurück, vielmehr verzieht er sein Maul und entblößt die Zähne, wodurch er eine gewisse Ähnlichkeit mit einem Gremlin bekommt. Gleichzeitig fixiert er das Gegenüber mit starrem Blick. Es handelt sich also um eine heiße Aggression, die verbunden ist mit einer Signalwirkung: Theo zeigt dem anderen Hund, dass mit ihm nicht zu spaßen ist und der ihm nicht zu nahe kommen sollte. Was tatsächlich oft funktioniert. An uns selbst und an unseren Mitmenschen können wir Vergleichbares beobachten: Oft wirken wütende Menschen durch ihre Körperhaltung oder ihre Mimik sehr abschreckend und aggressiv. Das kann helfen, sich andere vom Leib zu halten, birgt aber die Gefahr, dass es zu einer gänzlichen Eskalation kommen kann.

Neben der heißen gibt es noch eine zweite und vollkommen anders geartete Form der Aggression: die kalte Wut. Um sie zu erklären, taugt einmal mehr das Beispiel meines Hundes Theo. Es gab eine Situation, in der ich mit Theo an einem Beet stand und der Hund plötzlich vollkommen ruhig wurde. Gleichzeitig starrte er fokussiert auf einen Busch, duckte sich ein wenig. Einen Moment später schnellte er nach vorne in das Gebüsch und kehrte gleich darauf mit einer Maus zwischen seinen Zähnen zurück. Der Killerinstinkt bei meinem kleinen und sehr lieben Hund hat mich durchaus überrascht. Wie ich jedoch später erfuhr, sind kleine Pinscher schon seit Jahrhunderten auf Mäuse-, Ratten- und Insektenjagd geeicht. Dies geschah im Auftrag der Menschen. Die Aufgabe der kleinen Hunde, die bis heute noch als Rattler bezeichnet werden, war es, die Nagetiere von den Nahrungsmitteln in Häusern und Höfen fernzuhalten. Das ruhige und lauernde Verhalten, das Theo an den Tag legte, das plötzliche Zuschlagen, ist zugleich ein typisches Beispiel für diese zweite Form der Aggression, die Säugetiere und eben auch wir Menschen haben. Während die heiße Aggression im Grunde ein Verteidigungsverhalten darstellt, wird die kalte Aggression häufig als Jagdmodus bezeichnet – und jeder Katzenhalter wird entsprechendes Verhalten bereits bei seinen Tieren beobachtet haben.

Der große Unterschied: Stellt die heiße Aggression oder Wut eine ohne Nachdenken ausgeführte Reaktion auf eine bedrohliche Situation dar, so ist die kalte Aggression stets eine bewusste Entscheidung. Sie ist, wie wir sagen, proaktiv und diente in der Entwicklungsgeschichte unserer Spezies tatsächlich der Jagd. Kalte Aggression ist kalkulierend, und sie hat ein Ziel. Menschen oder Tiere sind in einem solchen Zustand sehr aufmerksam und verfügen über hohe gedankliche Ressourcen. Nicht zuletzt wird für dieses Vorgehen kein akuter Auslöser benötigt, denn der Angriff ist ja geplant.

Was früher für die Beutejagd nützlich und wichtig war, erleben wir heute allerdings auch, wenn es um Attentate oder Amokläufe geht. In der Berichterstattung erfahren wir nach derartigen Vorfällen häufig, dass ein Täter bei der Ausübung der Tat sehr ruhig wirkte. Ein ebenso eindrucksvolles wie erschreckendes Beispiel dafür ist der Amoklauf zweier Schüler an der Columbine High School nahe Littleton im US-Bundesstaat Colorado. Der 18-jährige Eric H. und sein 17-jähriger Freund Dylan K. töteten dort am 20. April 1999 insgesamt 13 Menschen – darunter 12 Schüler im Alter zwischen 14 und 16 Jahren sowie einen Lehrer. 24 weitere Menschen

Aggression: Zwischen kalter Wut und heißer Wut

wurden zum Teil schwer verletzt. Es handelte sich dabei nicht um eine spontane Tat, vielmehr ging dem Amoklauf eine lange Planung voraus. Ermittlungen ergaben, dass die beiden sich mehr als ein Jahr mit den Vorbereitungen beschäftigten. In dieser Zeit studierten sie die zeitlichen Abläufe an der Schule, sie bauten Bomben und beschafften sich ein umfangreiches Arsenal an Schusswaffen samt Munition. Als der Tag der Tat gekommen war, gingen sie sehr ruhig und kaltblütig vor. Videoaufnahmen und Berichte von Zeitzeugen belegen, dass die beiden jungen Männer ohne erkennbare Emotionen auf ihre Mitschüler schossen, außerdem bewegten sie sich eher gemächlich durch die Gänge und Räume der Schule. Die Täter erschossen sich noch in der Schule selbst.

Ein weiteres Beispiel für solche Taten, die nahezu immer in kalter Aggression durchgeführt werden, sind die Anschläge in Norwegen am 22. Juli 2011. Der damals 32-jährige Anders B. ließ zunächst vor dem Gebäude des norwegischen Ministerpräsidenten eine Autobombe detonieren, die acht Menschen tötete und zehn verletzte. Doch das sollte nur der Auftakt sein. Anders B. verließ die Hauptstadt Oslo und setzte am Nachmittag des Tages mit einer Fähre zu einer Insel über, auf der sich zu dieser Zeit 560 Jugendliche in einem Sommercamp aufhielten. Wie überlegt und geplant Anders B. handelte, zeigte sich auch darin, dass er sich eine Polizeiuniform angezogen hatte, und auf der Insel als Polizist die Jugendlichen unter dem Vorwand zusammenrief, er wolle sie über den Anschlag auf das Bürogebäude des Ministerpräsidenten informieren. Dann eröffnete er das Feuer. Anders B. führte seinen Plan eiskalt durch. Er schoss auf die Flüchtenden und ermordete aus nächster Nähe diejenigen, die während ihrer Flucht stolperten und zu Boden fielen.

Ruhig und gezielt ging er das Eiland ab auf der Suche nach weiteren Flüchtigen, von denen viele sich über das Wasser zu retten versuchten. Rund eine Stunde lang verfolgte er seine Opfer über die Insel, bis ihn eine Anti-Terror-Einheit stellte und er sich festnehmen ließ, ohne Widerstand zu zeigen.

Insgesamt hatte Anders B. an diesem 22. Juli 2011 bei seinem bis ins letzte Detail geplanten und in kalter Aggression durchgeführten Anschlag 77 Menschen das Leben genommen.

Der Columbine-Amoklauf und die Taten in Norwegen sind sicher extreme Beispiele. Aber Attentate, Amokläufe oder terroristische Anschläge werden fast immer kühl und kontrolliert durchgeführt. Da der «Jagdmodus der Gewalt» eine biologisch verankerte Form der Aggression darstellt, sind wir fähig, unsere Gefühle auszuschalten, um töten zu können – was es unseren Vorfahren erlaubte, Beute zu jagen und somit ihr Überleben zu sichern. Befindet sich ein Täter in einem Zustand der kalten Aggression, gibt es keine Möglichkeit, ihn zu stoppen. Außerdem ist wichtig zu sagen, dass derartige Taten immer eine bewusste Entscheidung darstellen. Die Täter wissen, was sie tun, sie hätten auch eine andere Entscheidung treffen können.

Hier deshalb ein Beispiel, wie durch ein Bedrohungsmanagement eventuell Schlimmes verhindert werden konnte, indem man die Warnsignale der kalten Aggression rechtzeitig erkannte. In einem großen Produktionsbetrieb fiel ein Mitarbeiter, nennen wir ihn hier Herrn S., seinem Kollegen durch folgende Äußerungen in einer Mittagspause auf: So werde es nicht weitergehen. Der Schichtführer werde dafür büßen, was er ihm angetan habe. Dabei kaute er seelenruhig an seinem Pausenbrot weiter. Sein Häuschen wäre nächsten Monat abbezahlt und seine Familie sei versorgt, führte er fort. Sein Kollege hatte plötzlich ein tiefes Gefühl von Beunruhigung, weil er merkte, wie kühl und emotionslos Herr S. dies alles sagte. So fragte er erschrocken nach: »Wie meinst du das? Was passiert dann mit dir?« Weiterhin sehr ruhig antwortete Herr S.: »Keine Sorge, die letzte Kugel ist für mich.« Und damit war die Mittagspause zu Ende. Der Kollege war so beunruhigt, dass er sich nach einer schlaflosen Nacht am nächsten Morgen an einen Ansprechpartner in seinem Bereich wendete. In diesem Unternehmen gab es ein Bedrohungsmanagement-Team, an das man sich vertrauensvoll wenden konnte, sobald man bedrohliche oder an-

Aggression: Zwischen kalter Wut und heißer Wut

derweitig beunruhigende Vorgänge wahrnahm. Der Bedrohungsmanager des Unternehmens untersuchte sogleich mit unserer Unterstützung den Fall. Schnell stellte sich heraus, dass Herr S. ein Jahr zuvor einen Arbeitsunfall erlitten hatte und seinen Vorgesetzten dafür verantwortlich machte. Seit dieser Zeit litt er an chronischen Rückenschmerzen und war dadurch in seiner beruflichen Weiterentwicklung eingeschränkt, obwohl er keine finanziellen Nachteile hatte und gesundheitlich gut versorgt war. Was aber Herrn S. zusätzlich belastete, war, dass er seinem Leistungssport nicht mehr nachgehen konnte, der ihm viel bedeutete. Von diesen Hintergründen erfuhren wir durch diskrete Gespräche mit dem angesprochenen Kollegen und mehreren Vorgesetzen. Nachdem wir genügend Informationen hatten, führten wir schließlich das Gespräch mit Herrn S. direkt. Auf den Unfall angesprochen, zeigte er sich verzweifelt. Weder im Sport noch im Beruf könne er jetzt etwas Besonderes leisten und fühle sich als Versager. Rasch kam auch die Wut auf den Vorgesetzten hervor, dem er alle Schuld zuwies. Uns war klar, dass wir nun sensibel vorgehen mussten. Zum einen musste eine Grenzziehung vorgenommen werden. Herrn S. wurde deutlich vermittelt, dass solche Drohungen nicht toleriert wurden. Zum anderen war es wichtig, ihm zu helfen, aus der Krise zu kommen. Herr S. wurde an eine andere Stelle versetzt, wo er keinen direkten Kontakt zu seinem vorigen Vorgesetzten mehr hatte, aber dennoch eine berufliche Perspektive vorhanden war. Um ihn in der neuen Arbeits- und Lebenssituation zu unterstützen, wurde ihm eine Betreuung durch einen psychologischen Coach angeboten, was er gerne annahm. Zugleich wurde ihm gesagt, dass in der nächsten Zeit genau beobachtet würde, ob er weiteres bedrohliches Verhalten zeigte. Später berichtete Herr S., dass er wirklich darüber nachgedacht hatte, sich selbst und dem Vorgesetzten etwas anzutun. Er war im Nachhinein sehr froh, in seiner Krise eine solche Hilfe erfahren zu haben. Seit dem Vorfall sind acht Jahre vergangen, und Herr S. hat sich wieder als zufriedener und leistungsfähiger Mitarbeiter am Arbeitsplatz etabliert.

Kollegen im Jagdmodus – Umgang mit kalter Aggression

Wir finden kalte Aggression zudem häufig an anderer Stelle – in der Wirtschaftswelt. Überwiegend kommt kalte Aggression heute verbal zum Einsatz – und nicht, um jemanden zu töten. Kalte Aggression zeigt sich beim Austragen von Machtkämpfen um Positionen, sie dient der Dominanz und dazu, Macht über andere auszuüben. Im Alltag zeigt sie sich etwa darin, dass jemand gezielt sehr stark Druck auf andere ausübt. Ein Beispiel wäre ein Satz wie »Herr Meier, ich sehe, dass Sie sich mit Ihrer Arbeit viel Mühe geben, was ich durchaus honoriere. Aber Sie sollten sich schon die Frage stellen, ob Sie wirklich dafür qualifiziert sind. Das sage ich Ihnen als Vorgesetzter einfach mal in aller Freundschaft.« Ausgesprochen werden die Worte zudem mit einem Lächeln. Das wäre ein typisches Beispiel einer maskierten kalten Aggression, die in der Regel dem Ziel dient, den anderen zu verunsichern oder ihn zu provozieren.

Im Unterschied zur heißen Aggression, die an eine tatsächliche und zeitnahe Bedrohung gebunden ist, hat die kalte Aggression kein zeitliches Limit, sie kann vielmehr ein- und ausgeschaltet werden. Daher kommt sie beispielsweise auch beim Mobbing zielgerichtet zum Einsatz, um andere zu schädigen und um Druck auf sie aufzubauen.

Jedoch ist diese Art der Aggression nicht immer und ausschließlich negativ einzustufen. Der Mensch kann sie auch für sich selbst einsetzen, indem er etwa ruhig, aber deutlich eine Grenze zieht und sich selbst behauptet. Hier wäre ein typisches Beispiel ein Satz wie »Ich würde Ihnen empfehlen, sich hier etwas zurückzunehmen, sonst leite ich die Sache weiter«. Die kalte Aggression kann also für Gutes ebenso wie für Schlechtes eingesetzt werden.

Wichtig für den Fall, dass man selbst auf diese Weise unter Druck gesetzt wird: Man sollte versuchen, nicht zu zeigen, dass man sich beeindrucken lässt – selbst wenn man tatsächlich beeindruckt ist. Der Grund dafür besteht darin, dass die kalte Aggression immer ein Ziel hat. Zeige ich, dass ich beeindruckt bin, gebe ich dem anderen eine Treffermeldung. Er weiß also, dass es funktioniert, wenn

Aggression: Zwischen kalter Wut und heißer Wut

er auf einen bestimmten Knopf drückt. Zeige ich mich unbeeindruckt, sende ich damit dem anderen das Signal, dass seine Art des Vorgehens keine Wirkung bei mir zeigt. Er wird dann vermutlich nicht noch einmal auf eine solche Weise versuchen, uns unter Druck zu setzen.

Nun könnte man befürchten, dass so etwas sehr schwierig vorzuspielen ist und dass der andere uns wahrscheinlich leicht durchschaut. Dies ist erfreulicherweise ein Irrtum. Häufig gehen wir davon aus, dass andere uns alles anmerken, besonders wenn wir unter starkem Druck stehen oder etwas getan haben, das uns peinlich ist. Doch das stimmt nicht. Wir überschätzen in der Regel, was andere wirklich wahrnehmen – so leicht sind unsere inneren Prozesse von außen nämlich nicht erkennbar. Bemühen wir uns und bleiben einfach ruhig, anstatt zu zeigen, wie beeindruckt wir sind, gelingt das in aller Regel. Wir sollten natürlich nicht von uns erwarten, dass wir dies automatisch können, sondern wir müssen dies zunächst etwas üben. Ein guter Ratschlag dabei ist, dass wir uns einer solchen Drucksituation nicht zu lange aussetzen, sondern sie möglichst schnell aktiv beenden. »Ich habe Ihre Position durchaus verstanden und denke, dass wir das jetzt nicht weiter vertiefen müssen. Ich wünsche Ihnen noch einen schönen Tag« wäre ein Beispiel für eine Formulierung, um sich der unangenehmen Situation zu entziehen.

Natürlich ist es möglich, gegenzuhalten und damit in einen Machtkampf zu ziehen. Wird allerdings dieses Vorgehen gewählt, müssen wir das durchhalten und dürfen nicht auf halber Strecke aufgeben. Dazu muss man sich in der richtigen Position befinden und die innere Stärke besitzen, um mit einer gesunden Dominanz seinen Standpunkt durchzusetzen. Die Strategie besteht also darin, dem anderen gegenüber klarzustellen, dass man kein Opfer ist und auch niemand, mit dem sich alles machen lässt.

Nicht selten ist es auch der Fall, dass ein anderer Mensch den Versuch startet, uns von der kalten in die heiße Aggression zu bringen. Mit Sätzen wie »Ich sehe ja, dass Sie ein netter Kerl sind, aber ein wenig Talent könnte auch Ihnen nicht schaden«. Das Gegenüber soll also derart provoziert werden, dass es schließlich aus der Haut fährt. Eingesetzt wird dies nicht zuletzt bei Machtkämpfen. Durch die Sticheleien wird der andere wütend gemacht, bis er vielleicht laut wird. Anderen Kollegen gegenüber wird derjenige, der genau das willentlich auslöste, dann erzählen, dass es ja unmöglich ist, mit einem Menschen zusammenzuarbeiten, der ständig derart ausrastet.

Dieser Jagdmodus ist heute in Unternehmen überall auf der Welt eine sehr verbreitete Form der Aggression. Er kann aber auch, wie schon erwähnt, auf der anderen Seite für die Selbstbehauptung eingesetzt werden. Meiner Ansicht nach haben wir eine solche selbstbehauptende Aggression zu lange grundsätzlich verteufelt – obwohl sie sehr wichtig sein kann. So ist es eine Tatsache, dass gerade psychopathische Charaktere gerne die kalte Aggression in ihrem Sinne einsetzen, eben um Druck auf andere auszuüben. Das Wissen um die kalte Aggression in Kombination mit Selbstbehauptung, falls man unter Druck gesetzt wird, ist daher sehr hilfreich, damit der andere nach einer Weile aufhört und schließlich weiterzieht. Er merkt, dass er sich an uns die Zähne ausbeißt. Leider gilt es zu beachten: Manche Menschen kommen mit dem Prinzip Angst sehr weit. Sie stehen irgendwann in dem Ruf, dass man sich mit ihnen besser nicht anlegt. In so einem Fall ist es hilfreich, sich der Mechanismen bewusst zu sein, um statt in die Angstfalle zu tappen etwas entgegensetzen zu können.

In manchen Situationen kann ein gewisses Dominanzverhalten zudem in Grenzen sinnvoll sein. Stehe ich immer mit hängenden Schultern da und vermeide den Blickkontakt, werde ich natürlich leichter als eine Person wahrgenommen, die sich leicht attackieren lässt. Zeige ich dagegen eine gesunde Dominanz, indem ich aufgerichtet stehe, ruhig atme und den Blickkontakt nicht meide, hat das eine Außenwirkung, die mich nicht als leichtes Opfer dastehen lässt.

Wir wissen heute viel mehr als noch vor einigen Jahren darüber, wie unser körperliches Verhalten die Psyche beeinflusst. Es gibt

Aggression: Zwischen kalter Wut und heißer Wut

zum Beispiel Studien darüber, dass es sinnvoll sein kann, sich vor einem wichtigen Termin allein in einen Raum zu setzen und sich dort körperlich regelrecht auszubreiten. Streckt der Mensch sich auf solche Weise aus und nimmt bewusst Raum ein, dann führt das dazu, dass unser Selbstbewusstsein zunimmt und sich sogar unsere Ausstrahlung positiv verändert. Dies hat zur Folge, dass andere uns anders wahrnehmen, wenn wir danach einen Raum betreten. Diese Veränderung vollzieht sich binnen weniger Minuten. Ich nutze genau dieses Vorgehen seit geraumer Zeit für mich selbst. Nicht, weil ich dadurch eine große Dominanz ausstrahlen will, sondern dies erhöht meine Selbstsicherheit im Auftreten vor herausfordernden Situationen.

Und wenn ich sage, dass dieses Vorgehen nicht der Ausstrahlung größerer Dominanz dienen soll, möchte ich zugleich darauf hinweisen, dass wir auch den Begriff Dominanz nicht immer und ausschließlich negativ besetzen dürfen. Genau wie es sinnvoll sein kann, durch seine Haltung Dominanz auszustrahlen, damit man kein leichtes Opfer wird, gibt es ein gesundes Dominanzverhalten etwa am Arbeitsplatz.

Habe ich beispielsweise eine Bürobesprechung – vielleicht sogar ein etwas schwieriges Gespräch –, kann es hilfreich sein, wenn ich den Besucher bitte, Platz zu nehmen, und ich mich selbst erst danach setze. Ich signalisiere damit auf eine sehr freundliche Art und ohne unangemessen zu werden, das hier ist mein Revier, der andere ist der Gast. Dahinter verbirgt sich eine weitere Tatsache über uns Menschen: Wir alle sind sehr territorial geprägt, es ist also für uns wichtig, ob wir uns in unserem eigenen Revier oder dem eines anderen befinden. Die Beachtung solcher scheinbaren Kleinigkeiten funktioniert sehr gut und kann in angemessener Form sinnvoll sein.

Ein weiteres Beispiel: Herrscht eine gewisse Spannung im Raum oder ist die Stimmung nicht gut, kann es helfen, wenn wir auf die gleiche Augenhöhe mit dem anderen gehen. Sitze ich gerade und das Gegenüber steht auf, während wir diskutieren, stellt das eine

Dominanzgeste des anderen dar. Um dieses Ungleichgewicht aufzuheben, würde ich mich also ebenfalls erheben. Möchte ich eine entspannte Gesprächsatmosphäre erreichen, bitte ich wiederum nicht nur den anderen, Platz zu nehmen, sondern setze mich ebenfalls hin, um mich mit ihm auf gleicher Höhe zu befinden.

Diese räumlichen Faktoren sind sehr bedeutsam. Und dabei geht es nicht nur um die Augenhöhe. Findet womöglich ein Gespräch statt, bei dem es um problematische Inhalte geht, ist darauf zu achten, dass jeder Teilnehmer genügend Platz hat – und dass jeder ungehindert zur Tür gehen kann. Dahinter verbirgt sich wieder das Wissen um unser altes Kampf-oder-Flucht-Programm.

Wird eine Diskussion geführt, die wir in gewissem Maße als bedrohlich empfinden, steigt dabei unser Adrenalinspiegel an, die Spannung erhöht sich. Haben wir jederzeit die Möglichkeit, die Tür zu erreichen, gibt uns das die Gewissheit, dass wir jederzeit fliehen können – was die Gesamtsituation weniger bedrohlich erscheinen lässt.

Noch ein Beispiel: Kommt uns jemand zu nahe, ist es wichtig, dass wir dies nicht tolerieren. Denn verletzt jemand, den wir nicht besonders gut kennen, unseren Nahraum, geraten wir dadurch oft unter Druck. Jeder hat vermutlich schon einmal in einem vollen Aufzug gestanden. Und jeder, der sich in diese Situation versetzt, wird sich daran erinnern, in dem Moment ein gewisses Unbehagen gespürt zu haben. Die meisten Menschen schauen entweder auf den Boden oder nach oben auf die Anzeige, in welchem Stockwerk man sich gerade befindet. Dieses Verhalten erklärt sich dadurch, dass wir im vollen Aufzug unseren Nahraum gegenseitig zwangsläufig verletzen, und dass wir in dieser Situation jeden unnötigen Blickkontakt vermeiden, um möglichst deeskalierend aufzutreten. Wir senden das Signal aus, es bestehe ja im Grunde gar kein Konflikt. Was bei diesem Nahraum-Empfinden zusätzlich zu beachten ist: Es gibt individuelle und auch kulturelle Unterschiede, wann ein Mensch sich bedrängt fühlt. Für uns Mitteleuropäer gilt als Faustregel, dass wir uns dann wohlfühlen, wenn der Abstand zu einem

Aggression: Zwischen kalter Wut und heißer Wut

anderen nicht weniger als etwa eine knappe Armeslänge beträgt. Menschen aus bestimmten anderen Kulturen empfinden wir daher allein aus dem Grund als aufdringlich, weil sie eine geringere körperliche Distanz durchaus noch als angenehm empfinden, andere wiederum benötigen einen größeren Abstand als die Armeslänge – immer auch dadurch beeinflusst, dass das zusätzlich von den individuellen Vorlieben der einzelnen Person abhängt. Fühlen wir uns in unserem Schutz- oder Nahraum verletzt, sollten wir auf die eine oder andere Weise die gewünschte Distanz wiederherstellen, da sonst automatisch in uns eine Stressreaktion abläuft. Herstellen können wir die Distanz – wenn wir nicht in einem Aufzug unterwegs sind – dadurch, dass wir selbst einen Schritt zur Seite treten oder den anderen Menschen höflich darauf hinweisen, dass wir uns nicht wohl bei dem direkten Kontakt fühlen.

Allerdings ist auch bei diesem Thema wieder zu bedenken, dass es Menschen gibt, die um diese Zusammenhänge wissen und sie bewusst im Sinne einer kalten Aggression nutzen. Sie bedrängen uns also während eines Gesprächs sprichwörtlich, um in uns ein ungutes Gefühl verbunden mit einer Stresssituation auszulösen. Ist das der Fall, sollten wir selbst darauf achten, dass wir mit einer gewissen Dominanz reagieren und uns unbeeindruckt von dem Bedrängen zeigen und den anderen etwa auffordern, Abstand zu halten.

Zusammenfassend lässt sich sagen, dass das Wissen über die uralten Säugetiermechanismen, die in uns arbeiten, sehr hilfreich für den Alltag ist. Verstehen wir, wie heiße und kalte Aggression sich zeigt und welchen Zwecken sie dient, können wir uns selbst häufig viel einfacher schützen und handlungsfähig bleiben. Das Wissen um den Wert eines gesunden Maßes an Aggression sowie die Selbstbehauptung kann für unser Leben etwas sehr Förderliches sein. Gerade Aggression wurde über lange Zeit zu Unrecht grundsätzlich als schlecht gebrandmarkt.

Wichtig ist letztendlich, dass wir gezielte Angriffe in der kalten Aggression abwehren – seien sie räumlicher oder verbaler Natur oder ganz allgemein der Versuch, uns unter Druck zu setzen. Zeigen wir uns nicht als ein Opfer, mit dem der andere leichtes Spiel hat, erspart uns das mit großer Wahrscheinlichkeit weitere Angriffe und unangenehme Situationen. Gleichermaßen sollten wir uns beibringen, dass wir nicht bei jeder Provokation sofort aus der Haut fahren. Wir sollten stattdessen mit einer ruhigen Grenzziehung gegenhalten oder die Situation schlichtweg beenden.

Der Bosstyp: Die Dominanz des Rudelführers

Warum ein Wladimir Putin Stärke respektiert und Schwäche verachtet

Ein Bosstyp ist von seiner Persönlichkeitsstruktur jemand, der sich allgemein gesprochen auch als Rudelführer umschreiben lässt. Solche Menschen mögen Hierarchien, und sie mögen es, der Chef zu sein: Sie stehen selbst gerne ganz oben auf der Machtleiter. Man findet Bosstypen in Unternehmen ebenso wie in Behörden, in Regierungen und natürlich beim Militär und der Polizei, also in allen hierarchisch aufgebauten Organisationen. Diese Menschen zeichnen sich grundsätzlich dadurch aus, dass sie sehr kampfbereit sind und gerne in Konflikte hineingehen. Was sie außerdem sehr gerne mögen, ist das Thema Dominanz. In diesem Zusammenhang ist ebenfalls interessant, dass Bosstypen ihr Rudel gerne verteidigen. Versucht ein Außenstehender, jemanden aus der Gruppe des Bosstyps anzugreifen, legt er sich damit automatisch mit dem Rudelführer selbst an.

Nehmen wir das Beispiel eines männlichen Bosstypen, zu dessen Vorlieben es gehört, sich ein martialisches Image zu verleihen. Das zeigt sich auch anhand der typisch männlichen Kleidung und am Gefallen an handfesten Sportarten und Wettkämpfen allgemein. Ein typisches Exempel für einen Bosstypen ist der russische Präsident Wladimir Putin. Durch das von ihm gepflegte martialische Image trägt er dazu bei, dass diesem Persönlichkeitsstil weltweit mehr Aufmerksamkeit entgegengebracht wird. Inzwischen fast schon legendär sind die Fotos, die Putin mit nacktem Oberkörper und gestählten Muskeln zeigen oder auf der Jagd, beim Reiten und beim Fischen. Gerne lässt er zudem Bilder oder Videos veröffentlichen, die ihn als siegreichen Judokämpfer darstellen. Und überdies zeigen sich sein Machtstreben und sein Machtinstinkt darin, dass er das politische System seiner Heimat in gewissem Maße aushebelte und so im Jahr 2012 zu einer dritten Amtszeit als Präsident kam. Bosstypisch ist sein Verhalten auch dann, wenn er andere Menschen öffentlich vorführt – zum Beispiel als sich ein Unternehmer bei ihm via Fernsehen wie ein Schuljunge zu entschuldigen hatte. Menschen, die ihm in die Quere kommen, werden immer wieder hart attackiert und bloßgestellt. Eine markante Szene, in der Putin seine Strategie der Dominanz sehr offen und unverhohlen zeigte, war bei einem Treffen mit Bundeskanzlerin Angela Merkel im Jahr 2007 zu beobachten. Es heißt, Putin habe schon lange gewusst, dass Merkel Angst vor Hunden habe, da sie als Mädchen einmal gebissen wurde. Putin ließ bei dem Treffen seine große Labradorhündin Koni in den Sitzungsraum. Koni beschnupperte die von ihrer Körperhaltung her sichtbar erstarrte Kanzlerin. Dies war offensichtlich die Eröffnung eines Spiels der Macht und Dominanz seitens Putin. Merkel versuchte, sich trotz ihres Unbehagens unbeeindruckt zu zeigen – die richtige Strategie im Umgang mit einem Bosstypen. Putin startete dann noch einen verbalen Angriff, indem er indirekt ihre Hundephobie ansprach. »Die Hündin stört nicht, oder? Sie ist ein freundlicher Hund und weiß sich zu benehmen.« Merkel konterte in Putins Muttersprache Russisch mit der ironischen Bemerkung: »Zumindest frisst der Hund keine Journalisten.« Merkel verschaffte sich Respekt, indem sie bewusst und plakativ keine Schwäche zeigte.

Insgesamt überwiegt der Anteil der Männer beim Bosstypen, doch es finden sich durchaus auch weibliche Vertreter. Genaue Zahlen allerdings existieren nicht. Was wir gerade bei Bosstypen aber deutlich feststellen können, ist der Umstand, dass unsere Geschlechtsrollen und das damit verbundene Verhalten zwar einerseits einen biologischen Hintergrund haben, aber andererseits sehr stark von unserer

Der Bosstyp: Die Dominanz des Rudelführers

Kultur und unserer Lebensgeschichte beeinflusst werden. Gerade in den letzten Jahren ist eine Zunahme weiblicher Bosstypen zu beobachten. Auch diese Frauen zeigen ein deutliches Dominanzverhalten, auch sie rempeln im übertragenen Sinne gerne einmal andere an und zeichnen sich durch ein handfestes Auftreten aus. Wäre so ein Auftreten einer Frau früher nicht toleriert oder zumindest eher negativ gewertet worden, gewinnt es heute allmählich an Akzeptanz. Ein Beispiel für einen möglichen weiblichen Bosstypen ist die Chefredakteurin der US-Ausgabe der *Vogue*, Anna Wintour, eine der einflussreichsten Frauen in der Modebranche. Wintour ist berühmt und berüchtigt für ihren harschen Umgang mit ihren Mitarbeitern und zeigt so gut wie nie Gefühlsäußerungen, was in dem Hollywoodfilm *Der Teufel trägt Prada* porträtiert wurde.

Ganz allgemein und unabhängig vom Geschlecht der Person verlangen Bosstypen in ihrer Abteilung eine klare Unterordnung. Eine Rebellion oder ein Aufstand gegen einen Bosstypen wird schnell ungemütlich. Diese Menschen können sehr entschlossen und mit voller Härte vorgehen, sollte es jemand wagen, ihre Führungsrolle infrage zu stellen. Sollte jemand Außenstehendes die Machtfrage stellen und sie damit gefährden, sind Bosstypen durchaus dazu in der Lage, der Bedrohung zu begegnen, indem sie den Angreifer bloßstellen, ihn kleinmachen oder ihn schlicht attackieren. Denn Angriffe auf ihre Stellung sind etwas, das sie gar nicht mögen.

Ich selbst bin öfter bei der Polizei und führe dort Veranstaltungen oder Seminare durch. Auch dort gibt es natürlich solche Bosstypen, früher allerdings deutlich mehr als heute. Bei den ersten Begegnungen nennen sie mich, den Kriminalpsychologen, halb scherzhaft »den Psycho« und hauen mir zur Begrüßung mit voller Wucht derart auf die Schulter, dass ich nach vorne klappe. Darauf folgen ein paar Sprüche nach dem Motto »Na, Psycho, schon mal was im wirklichen Leben erlebt?«. Bosstypen rütteln andere also zu Beginn gerne erst einmal kräftig durch. Dabei sollte man entspannt bleiben und sich gleichzeitig keinesfalls kleinmachen – dann ist man bald akzeptiert. Es ist im Grunde eine Art Ritual, das man erlebt und hinter sich bringen muss.

Später können Bosstypen sehr fürsorglich sein. Gleichzeitig bleibt die Tendenz bestehen, dass sie dem anderen verdeutlichen möchten, wer von beiden derjenige ist, der oben steht, und wer die untergeordnete Rolle einnimmt.

Ein Beispiel für typisches Verhalten von Bosstypen hatte ich vor einigen Jahren erlebt, als ich einen Vortrag vor Managern eines international agierenden Konzerns hielt. Angereist waren hochrangige Mitarbeiter aus 15 Nationen, und der europäische Leiter stellte all diese Personen jeweils in einem kurzen Statement vor. Er tat dies, indem er zu jeder Person einen kleinen ironischen Kommentar abgab, jeder Einzelne bekam also seinen persönlichen mehr oder weniger liebevollen Nackenschlag ab – ein typisches Bossverhalten.

In meinem Vortrag sprach ich über die Psychologie von Betrügern, wobei ich auch eine Beschreibung der narzisstischen Persönlichkeit vorstellte. Der Mann sagt anschließend zu mir, dass er sich in der Beschreibung wiedererkenne. Er sei ebenfalls jemand, der gern im Mittelpunkt stehe, er habe es ganz und gar nicht gerne, wenn ihm jemand widerspreche. Ein echter Narzisst hätte jedoch genau das nie zugegeben – denn der würde ja gerade nicht zeigen wollen, dass ihm Widerspruch etwas ausmacht, um sein nach außen getragenes Überlegenheitsgefühl nicht zu gefährden. Also handelte es sich bei diesem Manager nicht um einen Narzissten, sondern eben um einen reinen Bosstypus. Er besaß keine Kränkbarkeit, aber er mochte es einfach nicht, wenn jemand aus seinem Rudel ihm nicht den notwendigen Respekt entgegenbrachte dadurch, dass er seine Aussagen in Zweifel stellte.

Bosstypen haben eine Affinität zu Dominanz und dazu, sich durchzusetzen. In diesem Zusammenhang mögen sie das Kämpferische, das auf dem Weg zur Position eines echten Bosses dazugehört. Sie können daher in Machtkämpfen durchaus einmal etwas einstecken. Befinden wir uns selber mit einem derart geprägten

Der Bosstyp: Die Dominanz des Rudelführers

Menschen in einer Auseinandersetzung, sollten wir niemals zurückweichen – genau das nämlich verachten sie und würden uns dann gnadenlos attackieren. Was sie mögen, sind Menschen, die würdige Gegner darstellen. Sie können es durchaus anerkennen, wenn der andere sich im Rahmen eines Schlagabtausches durchzusetzen vermochte. Sie reagieren darauf mit Respekt für einen guten Kampf – aber auch mit der Aussage, dass sie selbst beim nächsten Mal sicher die Oberhand behalten werden. Sie können also einerseits fair sein, auf der anderen Seite aber auch gnadenlos. Lernt man jedoch, die typischen Rituale zu verstehen, und akzeptiert daneben, dass man von einem Bosstypen auch mal regelrecht durchgeschüttelt wird, kann man mit ihnen tatsächlich gut zurechtkommen.

Keine Schwäche zeigen – der Bosstyp und du

Kehren wir noch einmal zu dem Beispiel Wladimir Putin zurück. Daran zeigt sich, wie wichtig Wissen über Persönlichkeitsstile für den politischen Umgang sein kann. Ein Putin respektiert Stärke, aber keine Schwäche. Ihm bei Verhandlungen auf weiche Art zu begegnen wäre sicher der falsche Weg. Er wird eher Verhandlungspartner respektieren, die selbstbewusst auftreten. Das bedeutet nicht, dass es immer auf einen Machtkampf hinauslaufen muss, aber jede Verhandlung sollte aus einer Position der Stärke heraus angegangen werden – ohne dabei Putins Machtanspruch infrage zu stellen, denn das würde zu großen Problemen und einer gnadenlosen Reaktion führen. Gleichzeitig gilt es, immer zu berücksichtigen, dass der Bosstyp, anders als ein Narzisst, nicht kränkbar ist. Auch ist der Bosstyp nicht unbedingt auf die Bewunderung der anderen angewiesen.

Hier zeigt sich einmal mehr, wie ähnlich Persönlichkeitsstile auf den ersten Blick wirken können, wie unterschiedlich sie schließlich aber doch sind und wie sehr sich Nuancen beim Umgang mit ihnen auswirken. So lassen sich Narzissten, Psychopathen und der Bosstyp bei grobem Hinsehen schnell verwechseln. Die Details jedoch zeigen die großen Unterschiede. Bei einem Narzissten ist vor allem darauf zu achten, dass er nicht verletzt wird oder sich verletzt fühlt. Gegenüber dem Bosstyp darf keine Schwäche gezeigt werden, es ist eine gewisse Dominanz im eigenen Auftreten ratsam. Wird der Persönlichkeitsstil des Bosstyps allerdings extremer, sieht es wieder ganz anders aus – denn dann geht es in eine sadistische und destruktive Richtung. Sadistische Persönlichkeiten mögen es, andere zu erniedrigen. Wählt der normale Bosstyp gelegentlich einmal eine ironische Spitze gegen andere im Gespräch, kann es bei einem Sadisten zu willkürlichen Erniedrigungen kommen, weil genau damit das Bedürfnis nach Dominanz und dem Kleinhalten des anderen befriedigt wird. Es ist immer wieder zu beobachten, dass gerade derart sadistisch geprägte Menschen in Führungspositionen gelangen, was sehr unangenehm und bedrohlich für die Mitarbeiter werden kann. Letztendlich kann die Arbeit unter einem solchen Vorgesetzten sogar zu gesundheitlichen Problemen führen.

In unserem Sprachgebrauch ist der Begriff Sadismus immer noch sehr eng verknüpft mit dem Thema Sexualität, obwohl dieser Zusammenhang nicht zwangsläufig vorhanden ist. Der Begriff Sadismus bedeutet grundsätzlich, dass ich es mag, andere Personen zu dominieren, und dass ich mich daran erfreue, wenn der andere unter meiner Dominanz leidet. Mittel zum Zweck ist dabei jedoch seltener sexuelle Gewalt und viel häufiger Psychoterror beziehungsweise psychische Gewalt. Im Arbeitsumfeld kann sich dies etwa in Mobbing ausdrücken oder in willkürlichen Attacken auf andere. Es kann durchaus geschehen, dass in einer Sitzung einer der Anwesenden ohne jeglichen Anlass angegriffen und fertiggemacht wird. Der Sadist als Kollege oder Vorgesetzter ist daher äußerst problematisch, und es ist schwer, mit ihm klarzukommen. Der einzige Weg im Umgang mit solchen sadistischen Personen kann manchmal darin bestehen, dass man Abstand zu ihnen hält. Keinesfalls sollte man sich in Machtkämpfe mit einem Sadisten hineinziehen lassen.

Der Bosstyp: Die Dominanz des Rudelführers

Solche Personen sind durch ihre Art den meisten Menschen in ihrem Umfeld sehr unangenehm. Was zu der Frage führt, warum wir sie trotzdem immer wieder in Unternehmen finden, nicht zuletzt auch an verantwortlichen Stellen. Die Antwort darauf ist recht simpel: Die Menschen haben Angst vor ihnen. Und während der Bosstyp noch mit einer gewissen Ritterlichkeit und einem Respekt für andere an sein Werk geht, verfügt der Sadist über einen regelrechten Vernichtungswillen. Er hat große Freude daran, andere zu zerstören. Das macht Angst und lässt andere lieber zurückstecken, als den Kampf aufzunehmen.

Hinzu kommt außerdem noch der Umstand, dass sich diese sadistische Ader zwar in der näheren Zusammenarbeit mit einer solchen Person zeigt, jedoch nicht immer nach außen tritt. Wer mit einem Sadisten zusammenarbeitet, erlebt die Problematik am eigenen Leib: Nach außen hin kann der Sadist sich aber manchmal durchaus eher moderat verkaufen, sodass Außenstehende gar nicht erkennen, was in der Abteilung des Unternehmens vor sich geht, in der der Sadist seine wirklichen Bedürfnisse auslebt. Sind wir mit einer sadistischen Persönlichkeit konfrontiert, sollten wir im Fall von Attacken die Situation schnell beenden oder, besser noch, wenn möglich derartige Situationen meiden. Insgesamt sind sadistische Charaktere sehr destruktive und schwierige Menschen.

Beim Bosstyp also lauten die Grundregeln: Stelle nie die Machtfrage – es sei denn, du willst es wirklich wissen. Zeige ihm, dass du seinen Rang respektierst. Lasse dich nicht von seinem auch mal polterigen Auftreten abschrecken.

Beim Sadisten dagegen gilt: Schütze dich selbst, halte Abstand und wechsle notfalls die Organisation. Vor allem gilt die Devise, niemals Angst zu zeigen, weil genau das die sadistische Persönlichkeit in ihrem Bedürfnis nährt.

Böse Chefs: Der Aufstieg von Psychopathen in Führungsetagen

Karriere mit Charisma statt Können

Die Beschäftigung mit dem Thema Bosstyp oder gar dem Sadisten scheint in gewisser Weise eine verbreitete Überzeugung zu stützen: Nur die schlechten oder problematischen Charaktere setzen sich durch und kommen auf den Chefsesseln an. Derart extrem ausgedrückt, ist das sicherlich falsch. Allerdings ist es durchaus so, dass sich in der heutigen Zeit bestimmte Charaktere stärker durchsetzen als früher.

Grundsätzlich lässt sich natürlich keinesfalls sagen, dass jemand in einer Führungsposition automatisch auch ein schlechter Mensch ist. Auf dem Weg nach oben gibt es keinen zwangsläufigen Selektionsmechanismus, der dazu führt, dass nur die üblen Typen in der Hierarchieleiter aufsteigen. Menschen mit einer stärkeren Durchsetzungskraft und mit mehr Gnadenlosigkeit kommen jedoch in der derzeitigen Unternehmenskultur häufiger weiter. Und dazu zählen eben oft psychopathische, narzisstische, sadistische Charaktere und Bosstypen.

Das ist natürlich ein Problem. Nach aktuellen Untersuchungen finden sich in Führungs- oder Machtpositionen heute narzisstische und psychopathische Persönlichkeiten etwa drei- bis viermal häufiger, als es im Bevölkerungsdurchschnitt üblich ist. Allgemein geht man davon aus, dass etwa vier Prozent aller Menschen Narzissten sind, ein bis zwei Prozent lassen sich als Psychopathen einstufen. Gerade der Anteil psychopathischer Charaktere wird in den Führungspositionen derzeit jedoch auf sechs Prozent geschätzt. Man geht außerdem davon aus, dass der Prozentsatz auffälliger Persönlichkeiten umso mehr steigt, je höher die erreichte Position in der Hierarchie ist.

Dieses Problem ist wiederum von der psychologischen Dynamik her durchaus nachvollziehbar: Persönlichkeiten mit einem Bedürfnis nach Macht, Bewunderung und Dominanz besitzen einen stärkeren Antrieb, genau das zu erreichen. Solche machtbewussten Charaktere sind sehr zielgerichtet in der Lage, ihren Weg zu gehen und ihn durchzusetzen.

Narzissten sind ja wie schon erwähnt prinzipiell sehr ichbezogen und leben die Überzeugung der eigenen Grandiosität aus. Bezogen auf seine Karrierechancen hat der Narzisst den Vorteil, dass er oft sehr charmant wirken und andere durchaus auch mitreißen kann – immer aber verbunden mit dem Bedürfnis nach Aufmerksamkeit und dem Wunsch, im Mittelpunkt zu stehen. Im Endeffekt kann dies die narzisstische Persönlichkeit sehr leistungsbereit machen, was auf dem Weg nach oben durch die Hierarchien zweifelsohne nützlich ist.

Psychopathen sind ebenfalls gut darin, andere rasch von sich einzunehmen. Vor allem aber sind sie Meister der Manipulation, und sie sind meist sehr gut im Lügen. Ihr eigenes Ziel ist ihnen das einzig Wichtige, auf andere achten sie nicht. Gerade intelligente Psychopathen machen häufig Karriere, weil sie perfekt hinter den Kulissen die Strippen in ihrem Sinne ziehen – und zwar meistens so, dass die Betroffenen nicht mitbekommen, auf welche Weise sie tatsächlich manipuliert werden. Verbunden sind diese Machtspiele oft mit dem für Psychopathen typischen Hang zur Selbstüberschätzung und der Lust am Nervenkitzel. Ebenfalls mitverantwortlich für den Aufstieg eines Psychopathen ist die Tatsache, dass er meist keine sehr engen Bindungen zu anderen eingeht und auf der anderen Seite aber sehr hart zurückschlägt, wenn er sich von anderen Menschen angegriffen fühlt. Dieses Zurückschlagen geht so weit, dass er Kollegen und Mitarbeiter regelrecht aus dem Weg räumt und nicht selten auch beruflich, finanziell und persönlich zerstört.

Psychopathen wie auch Narzissten besitzen große Fähigkeiten, wenn es darum geht, sich nach außen als brillant darzustellen. Sie sind perfekt im Social Engineering. Sie sind also gut darin, das Vertrauen anderer zu gewinnen und diese von der Richtigkeit ihres Vorgehens zu überzeugen. Gleichermaßen sind sie in der Lage, Schwachstellen von Menschen auszumachen und gezielt auszunutzen. Es gelingt ihnen oft, sich selbst als glänzende Fachleute darzustellen, selbst wenn sie eigentlich wenig Kompetenz in diesem Feld besitzen.

Ich erinnere mich in diesem Zusammenhang an einen Fall in einem großen Unternehmen. Dort war ein Abteilungsleiter von den Fähigkeiten einer von ihm beauftragten IT-Firma unglaublich überzeugt: Ohne diese Firma und vor allem deren hilfreichem Chef würde sein Team so manche Aufgabe gar nicht mehr schaffen können. Mitarbeiter im Umkreis des Abteilungsleiters sagten jedoch immer wieder hinter vorgehaltener Hand, dass die IT-Firma im Grunde genommen vollkommenen Schrott liefere und man deren Arbeit weder benötige noch bräuchte.

Irgendwann baute der Chef der scheinbar so wichtigen IT-Firma einen Verkehrsunfall. Dummerweise wurde er dabei ertappt, dass er an sein Auto ein falsches Nummernschild geschraubt hatte. Als die Polizei eingeschaltet wurde, kam zusätzlich ans Licht, dass der Mann in Folge verschiedener krimineller Machenschaften und Betrügereien straffällig geworden war. In gewissen Kreisen war er zudem dafür bekannt, dass er viel Geld für Drogen und sexuelle Ausschweifungen ausgab. Vor allem aber stellte sich nun heraus, dass seine ach so große und erfolgreiche IT-Firma aus nicht mehr als zwei Praktikanten bestand.

Seine einzige wirkliche Fähigkeit bestand im Endeffekt nicht in seinem fachlichen Können, sondern darin, dass er anderen Menschen – wie besagtem Abteilungsleiter – glaubhaft den Eindruck vermittelte, ohne ihn und seine Arbeit würde es überhaupt nicht mehr gehen. Das alles gelang ihm so gut, dass er über Jahre hinweg mit sechsstelligen Honoraren entlohnt wurde. Die Überzeugungskraft des Mannes war also so groß, dass selbst fachlich einwandfreie Einwände von Mitarbeitern den Abteilungsleiter nicht umzustimmen vermochten.

Das ist ein Beispiel für die Macht der Außendarstellung, über die bestimmte manipulative Persönlichkeitsstile verfügen. Diese Fähigkeit ist sehr bemerkenswert. Derartige Menschen sind sehr egozentrisch und machtbewusst. Mir fällt immer wieder auf, wie gezielt psychopathische und narzisstische Naturen in Organisationen andere Mitarbeiter nach ihrem Nutzen auswählen.

Dass solche Persönlichkeiten stärker in Unternehmen eindringen und sich in Machtpositionen bringen können, hängt aber auch mit der Zeit zusammen, in der wir gegenwärtig leben. Heute haben Soft Skills mehr Bedeutung als in früheren Jahrzehnten, in denen zunächst nach fachlichen Kompetenzen gefragt wurde. Hinter dem Begriff Soft Skill verbirgt sich etwas, was man auch als soziale Kompetenz bezeichnet. Es geht also um die Fähigkeit, mit anderen Menschen und deren Verhalten gut umgehen zu können. Jemandem, der sich gut darstellen kann, der charmant und überzeugend ist, gelingt es heute viel leichter, in ein Unternehmen hineinzukommen und dort aufzusteigen, als es bei Personen ohne diese »weichen« Fähigkeiten der Fall ist. Hinzu kommt, dass es heute in Unternehmen eine viel höhere Fluktuation als in der Vergangenheit gibt – was die Durchlässigkeit für neue Mitarbeiter verstärkt.

Nicht zu unterschätzen ist noch ein weiterer Punkt: Im digitalen Zeitalter ist es viel einfacher geworden, Dokumente zu verändern oder eine Biografie sogar im eigenen Sinne zu verfälschen. Ich habe es selbst erlebt, wie ein betrügerischer Bewerber ein hervorragendes Zeugnis einer Firma vorlegte, die gar nicht existierte. Einen Internetauftritt dieses scheinbar vorherigen Arbeitgebers hatte der Bewerber zuvor selbst programmiert, um die Täuschung perfekt zu machen.

Betrügerische Persönlichkeiten besitzen heute deutlich mehr technische Möglichkeiten als in der Vergangenheit und verfügen so über eine größere Spielwiese der Manipulation. Des Weiteren haben psychopathische und narzisstische Persönlichkeiten in einem Unternehmen, in dem sie einmal Fuß gefasst haben, viel mehr Gelegenheiten, durch ihre Angstfreiheit und Entschlossenheit an den bestehenden Hierarchien regelrecht vorbeizuziehen. Sie beeinflussen andere Mitarbeiter zu ihrem Vorteil und nutzen die anderen aus, ohne dass diese es merken. Dabei unterteilen sie die Mitmenschen grundsätzlich in drei Kategorien: Die eine Kategorie sind Kollegen von geringem Interesse und damit auch geringem Wert für den eigenen Aufstieg. Menschen also, die sie nicht benötigen. Wen sie aber benötigen, das ist die nächste Kategorie – die sogenannten Wasserträger. Letztere werden benutzt, um notwendige Arbeiten zu erledigen, die sie selbst nicht machen möchten. Die dritte und für sie wichtigste Gruppe sind die Entscheider – Personen also, die beim Erreichen der eigenen Ziele unterstützend wirken können.

Wenn solche Menschen ein Unternehmen betreten, in dem sie nach oben kommen wollen, beginnen sie sofort, ihre Kollegen und Vorgesetzten in diese Kategorien einzuteilen. Gerade Psychopathen oder destruktive Narzissten haben aufgrund ihrer äußerst geringen sozialen Ängste keine Schwierigkeiten, direkt an die für sie wichtigen Entscheidungsträger heranzutreten, um sie dann sehr geschickt zu manipulieren. Sie wissen, wie man jemand anderem angemessen schmeichelt, und starten früh einen gezielten Beziehungsaufbau. Dafür wird häufig das schon vorgestellte Beeinflussungsprinzip der Ähnlichkeit genutzt. Sie berichten bewusst von eigenen Erfahrungen, die denen des Chefs ähneln, um dadurch den Eindruck zu vermitteln, der »Neue«, also sie selbst, sei ein Seelenverwandter. Dabei sind sie sehr geschickt darin, die richtigen Entscheider im richtigen Moment zu manipulieren.

Auf diese Weise gelingt es derart zielgerichtet agierenden Psychopathen oder Narzissten tatsächlich, sich an höherer Stelle zu positionieren – häufig sogar in Positionen, die weit über ihrer echten beruflichen Qualifikation angesiedelt sind. Bemerkenswert ist, dass gerade in der ersten Gruppe der Kollegen von geringem Interesse, die von den manipulativen Aufsteigern als nutzlos eingestuft wurden, etwa die Hälfte mitbekommt, dass da etwas nicht in Ordnung ist. Diese Mitarbeiter halten jedoch lieber den Mund und sprechen nicht darüber, sie haben schlichtweg Angst. Denn sie haben in ihrer alltäglichen Arbeit das andere und aggressive Gesicht der narzisstischen und psychopathischen Persönlichkeit gesehen. Sie halten sich daher lieber in einem gewissen Sicherheitsabstand im Hintergrund auf. Bei unserer Fallarbeit in Unternehmen führen wir gerne vertrauliche Gespräche mit genau dieser Personengruppe, da man von ihnen das meiste erfährt, sofern es gelingt, ihnen die Angst zu nehmen.

Nun gibt es aber sicher Leser, die die bisher geschilderten Erkenntnisse über stark narzisstische, psychopathische und dadurch problematische Menschen in Führungspositionen vollkommen anders sehen oder bewerten. Schließlich wurde in früheren Kapiteln berichtet, dass charismatisch-psychopathische Anführer uns durch die Menschheitsgeschichte begleitet haben, und dass sie mit ihrem angstfreien Vorgehen im Rahmen der Evolution für die Weiterentwicklung oder das Überleben der Gruppe wichtig waren. Also könnte man zu der Überlegung kommen, ob sie daher nicht auch auf dem Chefsessel ihren angemessenen Platz finden.

Doch solche Überlegungen sind irreführend, und man muss sogar davor warnen. Denn es gibt einen sehr wesentlichen Punkt, der nicht übersehen werden darf: Psychopathische Persönlichkeiten lassen sich nicht steuern, sie können nicht mit vernünftigen Argumenten in ihrem Handeln beeinflusst werden. Ihre Angstfreiheit lässt sie zwar Stress besser ertragen und macht es ihnen möglich, durchaus einmal eine unpopuläre Entscheidung zu fällen – nur ist eine unpopuläre Entscheidung ja nicht automatisch eine gute. Und wenn der angstfreie, von sich selbst und seinen Fähigkeiten so sehr überzeugte Führer zudem eine riskante Entscheidung für den Weg des Unternehmens trifft, kann daraus letztendlich eine Katastrophe erwachsen, die eine ganze Firma ruiniert und die Arbeitsplätze zahlloser Menschen gefährdet.

Wichtig ist dieses Wissen vor dem Hintergrund, dass speziell die Banken- und die Versicherungsbranche derart problematische Persönlichkeiten anziehen. Denn hier geht es sehr stark um Macht, um Status und natürlich um sehr viel Geld. Es geht um schnelle Abschlüsse, alles wird über Zahlen gesteuert – und ein einzelner Entscheider kann hier sehr schnell sehr großen Schaden verursachen.

Wie sich rücksichtsloses Verhalten hier auswirken kann, das hat im Jahr 2011 eine Studie untersucht. Sie beschäftigte sich mit dem Verhalten von sogenannten Tradern, also Menschen, die mit dem schnellen Handel von Aktien oder Devisen ihr Geld verdienen. Durchgeführt wurde die Studie an einer Universität im schweizerischen St. Gallen. Als Testpersonen dienten 27 professionelle Trader, die zum Großteil bei Schweizer Banken beschäftigt waren, andere arbeiteten für Rohstoffhändler oder Hedgefonds. Als Grundlage für die Studie wurde eine schon zuvor durchgeführte Untersuchung an 24 Psychopathen in deutschen Gefängnissen aufgegriffen. Die Schweizer Studie ging nun von der Annahme aus, dass die Trader sich in der gleichen vorgegebenen Situation ähnlich rücksichtslos, egoistisch und unkooperativ verhalten würden wie die inhaftierten Psychopathen. Allerdings wurde erwartet, dass die Trader bessere Ergebnisse für sich erzielen würden.

Die vorgegebene Situation war ein Spiel, welches als das Gefangenen-Dilemma bekannt ist und bei dem zwei Personen teilnehmen. Um die erstaunlichen Ergebnisse der Studie verständlich zu machen, müssen zunächst einmal die Grundregeln dieses Spiels erläutert werden.

Zwei Personen A und B werden verdächtigt, einen Bankraub gemeinsam begangen zu haben. Allerdings kann den beiden konkret nur ein Verstoß gegen das Waffengesetz nachgewiesen werden. Die Ermittler machen den beiden vermeintlichen Bankräubern A und B folgendes Angebot: Gesteht einer der beiden, kommt er nicht ins Gefängnis, sein Komplize muss jedoch für fünf Jahre in Haft.

Für den Fall, dass sowohl A als auch B gestehen, erhält jeder der beiden eine Strafe von vier Jahren. Wenn beide schweigen, gibt es nur ein Jahr Gefängnis für jeden wegen des bereits erwähnten Verstoßes gegen das Waffengesetz. Die beiden Verdächtigen A und B werden jedoch getrennt vernommen und können nicht miteinander sprechen. In dieser Situation wäre es rein logisch betrachtet am besten, wenn sowohl A als auch B gemeinsam schweigen würden, da hier die Strafe insgesamt am geringsten wäre – nämlich ein Jahr pro Person.

Die rein strategisch beste Lösung ist jedoch äußerst anfällig für einen Vertrauensbruch. Wenn A annimmt, dass B schweigen wird, wäre es für A am besten zu gestehen, das heißt B zu verraten, um selbst straffrei auszugehen. Geht A allerdings davon aus, dass B die Tat einräumt, wäre es für ihn immer noch am besten zu gestehen, denn so bekommt A eine Haftstrafe von vier statt von fünf Jahren.

Zusammengefasst lassen sich die Grundprinzipien des Gefangenen-Dilemmas wie folgt beschreiben:

- Falls A und B kooperieren, ist es für beide zusammen betrachtet das beste Ergebnis.
- Verraten sich A und B gegenseitig, bekommen sie insgesamt die höchste Strafe.
- Gibt es nur einen Verräter, kommt dieser am besten weg.
- Einseitiges Vertrauen kann für den Einzelnen zur Höchststrafe führen, wenn der andere ihn verrät.

Genau dieser verzwickten Situation fanden sich die an der Studie teilnehmenden Trader nun ausgesetzt. Schnell konnte dabei die Theorie widerlegt werden, die Trader würden sich ähnlich rücksichtslos, egoistisch und unkooperativ verhalten, wie es bei den inhaftierten Psychopathen der Fall war. Die Realität zeigte sich noch erschreckender: Die Trader verhielten sich tatsächlich noch deutlich unkooperativer als die inhaftierten Psychopathen. Unter jeweils 40 Spielzügen der Händler fanden sich 12 unkooperative.

Die Psychopathen entschieden sich nur bei 4,4 Zügen für die unkooperative Variante. Bei einer ebenfalls zum Vergleich herangezogenen Kontrollgruppe aus Personen aus der Normalbevölkerung lag dieser Wert übrigens bei gerade einmal 0,2.

Auch eine weitere, vor Beginn der Studie geäußerte Vermutung löste sich rasch in Luft auf, nämlich dass die hauptberuflichen Händler eine bessere Performance an den Tag legten, also insgesamt bessere Ergebnisse erzielten.

Zwar konnten die Trader ihren relativen Gewinn auf Kosten des Spielgegners vergrößern, doch der absolute Gewinn – was also insgesamt bei der Partie herauskam – fiel eine Spur schlechter aus als bei den Psychopathen. Einer der Autoren der Studie war Thomas Noll, ein Psychiater und Vollzugsleiter einer Justizvollzugsanstalt. Er beschrieb das an den Tag gelegte Verhalten der Probanden so, als würde jemand das teure Auto des Nachbarn mit einem Baseballschläger malträtieren, um damit selbst den schönsten Wagen im Viertel zu haben. Es ging also mehr um das Beschädigen des anderen als um die Verbesserung der eigenen Situation.

Die Autoren der Studie stellten in dem Zusammenhang noch eine weitere Frage: Verhalten sich die Trader auch im Beruf so wie beim Gefangenen-Dilemma – ist es eher so, dass Handelsabteilungen von Banken derartige Persönlichkeiten anziehen, oder werden die Händler dort erst durch ihre Arbeit entsprechend geformt?

Hierzu hatte ich ein eigenes Erlebnis. Unsere Firma bekam von einer international agierenden Bank den Auftrag, an verschiedenen Handelsplätzen Manager auf einer höheren Ebene zu schulen. Das Ziel des Seminars war es, den Teilnehmern zu vermitteln, an welchen psychologischen Faktoren sie Mitarbeiter erkennen können, von denen möglicherweise ein Risiko ausgeht. Als ich bei einer Session wieder einmal den psychopathischen Charakter beschrieb, wobei ich die eben vorgestellte Studie noch nicht erwähnt hatte, herrschte plötzlich ein seltsames Schweigen im Seminarraum. In die Stille hinein sagte einer der teilnehmenden Manager irritiert, dass diese Charakterbeschreibung genauestens auf den erfolgreichsten Trader der Bank passe. Es sei ihm unheimlich, weil keiner so genau wisse, was er macht und wie er genau vorgeht. Sicher sei nur, so der Manager, dass der Trader extrem hohe Summen bewegen würde und wenn irgendetwas schiefginge, das der Bank beträchtlichen Schaden zufügen könnte. Diese Situation fand übrigens vier Jahre nach der großen Bankenkrise statt, deren Auswirkungen bis heute noch die Weltwirtschaft beschäftigen.

Dies zeigt deutlich, dass psychopathische Persönlichkeiten in Schlüsselpositionen immer auch ein Risiko darstellen. Denn wozu würde es beispielsweise führen, wenn der Leiter eines Konzerns die Zukunft nicht in Form neuer Produkte und steigender Gewinne zu gestalten versucht, sondern er die verfügbaren Mittel eher dazu einsetzt, einen Konkurrenten zu beschädigen – während Wettbewerber vorbeiziehen?

Mein Chef, der Psychopath – Probleme erkennen

Das führt nun zu einer weiteren Frage, auf die viele Menschen nur zu gern eine Antwort hätten. Wie finden wir heraus, ob gerade unser Chef eine destruktiv-narzisstische oder auch wirklich psychopathische Persönlichkeit ist? Eine Antwort darauf lautet: Das ist nicht einfach, und es wird nicht zuletzt dann problematisch, wenn wir anhand dürftiger Fakten zu falschen Schlüssen gelangen.

Ein andere Antwort lautet: Es kommt auch darauf an, wo wir uns in der Hierarchie befinden. Häufig sind es gerade die nicht so involvierten Mitarbeiter, denen auffällt, dass mit dem Vorgesetzten etwas nicht in Ordnung ist. Denn sie werden von der Manipulation nicht betroffen sein und haben oft einen unverstellten Blick.

Wer sich nun in einer solchen Position befindet, sollte sehr genau überlegen, wie das weitere Vorgehen aussehen soll. Eine offene Kritik an einem möglichen Fehlverhalten wird sicherlich nicht zu dem gewünschten Ergebnis führen. Denn für einen Psychopathen ebenso wie für einen starken Narzissten bedeutet Kritik ja Angriff. Er wird also zurückschlagen – mit manipulativen Methoden oder auch in Form von Rufschädigung hinter den Kulissen. Für ein Unternehmen kann so etwas weitreichende Folgen haben. Ganze Teams können umgedreht werden, oder der Einzelne wird von den übrigen Mitarbeitern isoliert. Die Hintergründe eines solchen Vorgehens sind für die betroffenen Mitarbeiter häufig nur schwer zu durchschauen, mancher wird sogar denken, dass mit ihm selbst etwas nicht stimmt.

Haben wir wirklich einen psychopathischen Chef erkannt, geht es für uns in erster Linie darum, dass wir uns schützen. Zu diesem Schutz gehört die Einsicht, dass wir keine Möglichkeit haben, diesen Menschen in irgendeiner Form zu verändern. Außerdem ist es wichtig, dass wir keine Schwäche zeigen dürfen – denn das würde uns in den Augen des Psychopathen nur als Opfer markieren.

Ratsam ist es, sich Verbündete zu suchen – beim Betriebsrat oder in der Personalabteilung zum Beispiel. In diesem Zusammenhang ist es wichtig, dass eventuelles Fehlverhalten des Chefs auch langfristig dokumentiert wird, um es später belegen zu können.

Im Endeffekt sind das alles Ratschläge, die in gewisser Weise helfen oder unterstützen können im Umgang mit einem psychopathischen Vorgesetzten. Letzten Ende gilt aber immer: Anlegen sollte man sich mit solchen Menschen nicht.

Am oberen Ende der Hierarchie sieht die Sache anders aus. Denn gerade die Entscheidungsträger in den gehobenen Positionen sind es ja, die das Netz der Manipulation umhüllt. Sie realisieren daher oft nicht, was tatsächlich geschieht. Viele Führungskräfte werden sogar denken, dass sie auf einer emotionalen Ebene eine gute Beziehung zu der manipulativen Person haben.

Die anhängliche Persönlichkeit – Schwäche mit Stärken

Warum Abhängigkeit von anderen auch Vorzüge haben kann

Wer dieses Buch bis zu dieser Stelle gelesen hat, der hat erfahren, dass wir alle in gewisser Weise abhängig von anderen sind. Denn unser Leben ist geprägt von dem Bedürfnis nach Beziehungen zu anderen Menschen – seit Anbeginn unserer Geschichte als Spezies, als wir uns allein sozusagen nicht vor unsere Höhlen wagen konnten, weil dort wilde Tiere und andere Feinde lauerten. Es ist auch für jeden von uns selbstverständlich, dass wir manchmal andere um Rat fragen und uns die Meinung unseres Umfelds wichtig ist. Außerdem hat wohl jeder von uns schon einmal erlebt, wie es ist, wenn wir uns Hals über Kopf verlieben und uns regelrecht abhängig von diesem Menschen fühlen.

Diese normalen sozialen Bedürfnisse sind es jedoch nicht, worum es bei dem anhänglichen Persönlichkeitsstil geht. Für anhängliche Menschen ist es grundsätzlich sehr wichtig, dass sie von anderen gemocht werden. Das kann so weit gehen, dass sie regelrecht abhängig von der Meinung anderer sind – in einem solchen Fall wird von der dependenten Persönlichkeit gesprochen.

Insgesamt sind so geprägte Menschen sehr unsicher und haben große Schwierigkeiten, sich zu entscheiden. Sie richten sich daher stark an anderen aus. Ihnen ist es äußerst wichtig, dass der andere sich wohlfühlt, und sie vergessen sich dabei manchmal selbst. Sie hoffen, Anerkennung, Sicherheit und auch Geborgenheit durch andere Menschen zu bekommen.

Anhängliche Personen sind zudem sehr hilfsbereit. Sie kümmern sich gerne um andere, denn auch daraus ziehen sie für sich das Gefühl, gebraucht und gemocht zu werden. Sie sind nicht diejenigen, die sich in den Vordergrund stellen, sondern treten eher zurückhaltend auf.

Ein gutes Beispiel für einen anhänglichen Persönlichkeitsstil ist Hannelore Kohl, die verstorbene Frau des ehemaligen deutschen Bundeskanzlers Helmut Kohl. Sie war ein Mensch, der sich immer im Hintergrund hielt und der sich voll und ganz der Karriere ihres Mannes verschrieb. Sie versuchte, den Politiker Kohl zu unterstützen, und verzichtete dabei auf ihre eigenen Bedürfnisse. Was allerdings nicht bedeutete, dass sie damit unglücklich war – zumindest anfangs nicht. Als anhängliche Person brachte ihr diese Rolle vielmehr eine gewisse Befriedigung und Ruhe. Schon die erste Begegnung im Jahr 1948 – Helmut Kohl war gerade 18 Jahre alt, seine spätere Frau erst 15 – drückte das Bedürfnis von Hannelore Kohl aus. Sie sagte später dazu: »Ich war so glücklich, dass ich in dieser schrecklichen Zeit einen Menschen gefunden hatte, der so stark ist wie ein Berg.« Helmut Kohl sei ein Mann zum Anlehnen gewesen. Charakteristisch für die anhängliche Persönlichkeit der Hannelore Kohl ist auch ein weiterer Satz, mit dem sie später zitiert wurde. »Mein Anteil ist so klein, dass ich ihn gar nicht erwähnen möchte«, antwortete sie auf die Frage nach ihrer Rolle an der Seite eines Politikers. Was sie noch dazu sagte, passte ebenfalls ins Bild: »Wir wollen es so sagen: Es ist immer schön, nicht im Wege zu sein.« Typisch ist in diesem Zitat, dass Frau Kohl »wir« und nicht »ich« sagte. Denn damit vermied sie es, dass sie als Person in den Vordergrund trat.

Am Beispiel des Ehepaars Kohl zeigt sich, wie sich Persönlichkeitsstile ergänzen können. Helmut Kohl war immer schon ein Machtmensch, seine Frau immer schon das Gegenteil davon. Zwei weitere Zitate des Paars verdeutlichen, wie sich die unterschiedlichen Persönlichkeitsstile miteinander verknüpften und gegenseitig ergänzten. »Wenn ich mich nicht so völlig auf meinen Mann

Die anhängliche Persönlichkeit – Schwäche mit Stärken

eingestellt hätte, wäre unsere Ehe schiefgelaufen«, erklärte Hannelore Kohl einmal und drückte damit aus, wie sehr sie sich auf das fokussierte, was ihr Gatte wollte. Der wiederum wurde mit diesen Worten zitiert: »Glücklicherweise habe ich in meiner Frau eine Lebenspartnerin gefunden, die übersteigerten Ehrgeiz und den Hunger nach Anerkennung um jeden Preis nicht kennt.« Das bedeutet: Das Bedürfnis des ehemaligen Kanzlers, nach vorne zu gehen, war komplementär zu dem Bedürfnis seiner Frau, die sich lieber nach ihm richtete. Beide Menschen und beide Persönlichkeitsstile haben sich hier also ergänzt. Das funktionierte – jedenfalls eine Zeit lang. Später gab es in der Ehe offenbar schwere Krisen. Aber das ist ein anderes Thema, und daher möchte ich das Kapitel Hannelore Kohl an dieser Stelle abschließen.

Was anhängliche Persönlichkeiten gar nicht mögen, ist das Alleinsein. Freundschaft, Beziehung und Familie sind ihnen äußerst wichtig, und sie mögen die Gesellschaft anderer Menschen sehr. Doch auch in diesem privaten Umfeld werden sie sich niemals in den Mittelpunkt stellen. Sie sind daher gute Teamplayer. Mit Autoritäten haben sie kein Problem. Sie ziehen es sogar vor, wenn es andere Personen gibt, die ihnen sagen, wo es langgeht.

Auf der anderen Seite sind anhängliche Personen beherrscht von der Angst, verlassen oder gar verstoßen zu werden. Immer haben sie die Sorge, dass sie selbst nicht ausreichend oder liebenswert sind. Das kann dazu führen, dass sie beginnen, regelrecht zu klammern – was wiederum für das Gegenüber anstrengend wird.

Anhängliche Menschen haben grundlegende Schwierigkeiten mit der Balance zwischen dem Wunsch nach Beziehungen mit Menschen auf der einen und Selbstständigkeit auf der anderen Seite. Diesen Ausgleich müssen wir alle in unserem Leben meistern. Anhänglichen Menschen fällt gerade Selbstständigkeit äußerst schwer, denn sie orientieren sich sehr viel stärker an dem, was die anderen tun. Die typische Unsicherheit abhängiger Menschen äußert sich häufig in der Art, wie sie sich sprachlich ausdrücken. Sie sind häufig leise und murmeln etwas, in ihren Sätzen finden sich vielfach »Ähs« oder »Öhs«. Werden sie nach ihrer Meinung gefragt, dann zögern sie erst einmal, weil es ihnen schwerfällt, eine eigene Position nach außen hin zu vertreten. Manchmal führen die charakteristischen Eigenschaften anhänglicher Menschen, gerade wenn sie sehr stark ausgeprägt sind, zu einem regelrechten Teufelskreis. Sie versuchen, Nähe herzustellen, und klammern dann aber auch gleichzeitig. Das Gegenüber reagiert darauf, indem es Unabhängigkeit sucht und sich zurückzieht, weil ihm das alles zu viel wird. Die Folge ist ein erneutes Klammern des anhänglichen oder dependenten Menschen. Dieser Teufelskreis kann schließlich dazu führen, dass die große und sie bestimmende Angst, verlassen zu werden, sich letztendlich bewahrheitet – weil dieses Verhalten dem Partner, der Partnerin oder engen Freunden regelrecht die Luft abschnürt. Das stellt die große Tragik dieses Persönlichkeitsstils dar.

Ist die Dependenz sehr stark ausgeprägt, benötigen diese Menschen besonders viel Zuspruch von anderen, weil es ihnen so schwerfällt, sich selbst zu vertrauen. Wenn sie etwas machen, werden sie sich bei anderen immer wieder rückversichern, ob es das Richtige oder das Falsche ist, was sie tun. Egal, ob es eine wichtige oder eher unwichtige Entscheidung ist, immer wird dafür der Rat anderer Menschen eingeholt. Damit verbunden sind sehr große Schwierigkeiten, überhaupt einen eigenen Weg einzuschlagen. Ein weiteres Problem besteht darin, dass es anhänglichen und dependenten Personen schwerfällt mitzuteilen, wenn sie etwas nicht mögen oder ihnen etwas gar nicht gefällt. Auch hier kommt wieder die Angst ins Spiel, von anderen nicht mehr gemocht zu werden, wenn sie widersprechen oder einfach eine andere Meinung äußern. Von sich aus Neues zu beginnen oder Dinge zu initiieren fällt diesen Menschen ebenfalls äußerst schwer.

Die Suche nach Nähe und Anerkennung von anderen ist mit einem Problem des Alleinseins verbunden. Alleinsein kann zu übertriebenen Ängsten führen, die auf dem Gefühl basieren, das Leben alleine nicht bestehen zu können. Eine regelrechte Katastrophe

Die anhängliche Persönlichkeit – Schwäche mit Stärken

für anhängliche und dependente Persönlichkeiten sind daher Trennungen. Denn die sind für sie wesentlich belastender als für die übrigen Menschen. Weil sie das unbewusst spüren, kreisen ihre Gedanken ständig um die Angst vor dem Verlassenwerden, und sie beschäftigen sich immer wieder intensiv mit dem Thema Trennung.

Doch natürlich ist nicht alles im Leben einer anhänglichen Person von solchen Ängsten überschattet. Wie schon erwähnt sind derartige Menschen gute Teamplayer. Ist die Anhänglichkeit nicht zu stark ausgeprägt, können sie sich im Arbeitsleben recht gut einfinden. Sie sind nicht nur im Privaten treue Partner, sondern auch bei den Arbeitskollegen oder in Teams allgemein. Weil sie die Nähe von Menschen suchen, mögen sie die Zusammenarbeit mit Kollegen. Die erste Wahl für eine Führungsperson sind sie jedoch kaum. Gelangen sie dennoch einmal in eine solche Position, agieren sie als Chef eher defensiv. Sie achten sehr darauf, welche Meinung ihre Mitarbeiter von ihnen haben. Die Schwierigkeit besteht aber vor allem darin, dass sie ihre Wünsche nicht deutlich formulieren und die Mitarbeiter gar nicht genau wissen, was von ihnen erwartet wird. Solche Vorgesetzten sind daher einerseits unsichere Chefs in einem hierarchischen Sinne. Sie lassen anderen viel Raum zur Selbstständigkeit und zeigen ein gewisses Vertrauen in die Fähigkeiten der Mitarbeiter. Wichtig ist ihnen außerdem eine gute Arbeitsatmosphäre. Einsame Entscheidungen sind von ihnen kaum zu erwarten, sie werden bei neuen Wegen eher einen Konsens herstellen wollen. Was für anhängliche Menschen am Arbeitsplatz wie auch im Privatleben sehr schwer zu verdauen ist, das ist Kritik an ihrem Handeln oder an ihrer Person. So etwas beunruhigt sie sehr. Sie werden kaum gegen diese Kritik angehen, sondern sie werden vielmehr ihr eigenes Handeln vor dem Hintergrund der Kritik zu ändern versuchen.

Treffen wir in unserem Alltag auf eine derart geprägte Person, ist eine gewisse Sensibilität ratsam. Wir sollten Vorsicht walten lassen beim Umgang mit ihren Gefühlen. Zudem sollten wir lernen, zwischen den Zeilen zu lesen, da Probleme selten direkt angesprochen werden. Es ist also sinnvoll, die Bedürfnisse des anderen immer mit im Blick haben, der andere wird die eigenen Wünsche eher nicht aussprechen. Gleichzeitig dürfen wir aber auch nicht zu fürsorglich und bemutternd werden. Immer sollten wir beachten, dass wir von einem solchen Menschen keine spontane Entscheidung erwarten können, wir sollten ihn daher nicht zu sehr unter Druck setzen. Ratsam ist der längerfristige Aufbau einer vertrauensvollen Beziehung, die letztendlich dazu führen kann, dass dieser Mensch sich traut, tatsächlich einmal eine Meinung oder Überzeugung zu äußern. Aggressionen oder gar Wutanfälle wiederum sind wenig zielführend, weil das einen anhänglichen Menschen nur noch stärker verunsichert.

Dabei gibt es durchaus einen Unterschied zwischen dem anhänglichen Persönlichkeitsstil und der deutlich extremer ausgeprägten dependenten Persönlichkeit. Denn während es in der sehr starken Ausprägung letztlich um Problematiken wie eine absolute Abhängigkeit geht, haben Menschen mit einem einfach nur anhänglichen Stil häufig ein angenehmes Leben.

Dass sie am Arbeitsplatz oftmals einen guten Stand haben, wurde schon gesagt. Doch langjährige Untersuchungen des amerikanischen Psychologen Robert F. Bornstein haben noch andere positive Facetten der anhänglichen Persönlichkeit zutage gebracht. Bornstein beschäftigt sich seit mehr als 20 Jahren intensiv mit diesem Persönlichkeitsstil, und er hat mehrere Bücher darüber veröffentlicht.

Eine Schlussfolgerung Bornsteins besagt, dass es beileibe nicht nur so ist, dass alle anhänglich Geprägten die Erfüllung ihrer Bedürfnisse nach Nähe und Schutz einzig den anderen überlassen. Sie stehen also nicht einfach nur da und warten darauf, dass jemand sozusagen den Schirm über ihnen aufspannt. Vielmehr sind diese Personen wegen der Stärke ihres Bedürfnisses häufig aktiv an dessen Erfüllung beteiligt. Sie legen großen Wert darauf, von sich aus gute Beziehungen zu anderen Menschen herzustellen, vor

Die anhängliche Persönlichkeit – Schwäche mit Stärken

allem natürlich, wenn sie sich von dem Gegenüber eben Schutz und Nähe erhoffen. Das führt letztlich dazu, dass solche Personen von anderen als sehr freundlich und angenehm empfunden werden. Was wiederum zur Folge hat, dass ein Mensch mit anhänglichen Persönlichkeitsmerkmalen einen sehr großen Freundeskreis haben kann und auch bei den Familienangehörigen äußerst beliebt ist. Dabei spielt sicher der Umstand mit, dass abhängige Personen meistens freiwillig unangenehme Aufgaben übernehmen, weil sie dadurch eben die Nähe verstärken wollen – während andere entsprechendes Handeln einfach als ein Zeichen von Zuverlässigkeit oder Freundlichkeit werten.

Was im Freundeskreis gelten kann, das kann auch in einer Beziehung gelten. Es kann also durchaus sein, dass die abhängige Persönlichkeit derjenige Partner ist, der die Beziehung vorantreibt, weil er eben mit aller Kraft ein Gelingen der Partnerschaft anstrebt. Der andere erhält also sehr viel Aufmerksamkeit, Wünsche werden ihm von den Augen abgelesen. Dies geschieht jedoch immer vor dem Hintergrund, dass damit grundsätzliche Bedürfnisse befriedigt werden, den Partner noch fester an sich zu binden und ein Scheitern der Beziehung unter allen Umständen zu verhindern.

In kriminalpsychologischen Fällen finden sich dependente Persönlichkeiten eher im Kielwasser eines Täters und spielen dabei nur selten die Hauptrolle. Dennoch sind sie bei Ermittlungen und Fallarbeit manchmal wichtige Schlüsselfiguren. Gewinnt man einmal ihr Vertrauen und bietet ihnen den ersehnten Schutz, dann zeigen sich dependente Menschen oft kooperativ und unterstützend bei der Fallaufklärung. Dies möchte ich anhand eines Beispiels aus meiner Praxis darstellen: Für einen älteren Eigentümer eines großen Unternehmens arbeitete ein junger Mann als Chauffeur in Festanstellung. Er war nicht nur für Dienstreisen verantwortlich, sondern übernahm hin und wieder auch private Fahrten für die ganze Familie. So hatte er Kontakt zu allen anderen Angestellten in diesem wohlhabenden Haus, besonders aber zu der etwas älteren Haushälterin, die schon seit langer Zeit dort beschäftigt war. Unglücklicherweise war der junge Chauffeur ein Betrüger, der versuchte, sich durch gezielte Manipulation der anderen Angestellten und durch Verbreiten von Unwahrheiten in eine Machtposition zu bringen. So startete er diffuse Erpressungsversuche gegenüber dem Familienoberhaupt und drohte, seine konstruierten Lügengeschichten in der Öffentlichkeit zu lancieren. Als wir zu diesem Zeitpunkt als Berater hinzugezogen wurden, bestand unsere Aufgabe darin, diese Situation gut aufzulösen. Bei Personen öffentlichen Interesses können selbst Lügengeschichten viel Unheil anrichten, und man muss deshalb mit solchen Situationen sehr sensibel umgehen. Um in der Auseinandersetzung mit dem betrügerischen Chauffeur mit genug Argumenten und Beweisen vorgehen zu können, schauten wir uns sein Umfeld genauer an und führten Gespräche mit allen Angestellten im Haus. Bei der Unterhaltung mit der Haushälterin wurde sehr schnell klar, dass sie zwar viel wusste, uns gegenüber jedoch keine Informationen preisgeben wollte. Sie war in einem merkwürdigen emotionalen Zwischenstand: Zum einen fürchtete sie sich vor dem Chauffeur, zum anderen fühlte sie sich ihm nahe. Erst als wir ihre langjährige Stellung und die gute Bindung vor allem zu den Kindern der Familie ansprachen, öffnete sie sich und fing an zu erzählen. Durch dieses Gespräch wurde ihr wieder bewusst, wie sicher und gut aufgehoben sie sich in diesem Haus doch fühlte, und so verspürte sie auch ein Bedürfnis, gegen das erpresserische Treiben des Chauffeurs auszusagen. Mit allen diesen Informationen konnte der Fall ohne öffentliches Aufsehen zügig und unkompliziert abgeschlossen werden.

Fazit

Mehr als sieben Milliarden Menschen leben auf dieser Welt, und fast alle zeichnen sich durch meist zwei von gerade einmal höchstens 15 Persönlichkeitsstilen aus. Das mag manchen auf den ersten Seiten dieses Buches zu der Überzeugung verleitet haben, das Entschlüsseln der menschlichen Persönlichkeit sei ein leichtes Unterfangen. Doch dass allein eine Auswahl dieser Stile schon ausreicht, um dieses Buch zu füllen, zeigt deutlich, wie komplex das Thema ist.

Wer das Buch bis zu dieser Stelle aufmerksam gelesen hat, und wer sich zuvor noch nicht mit den Persönlichkeitsstilen beschäftigt hatte, wird womöglich eine gewisse Veränderung an sich bemerkt haben. Vielleicht geht er jetzt etwas aufmerksamer mit seinen Mitmenschen um.

Die Versuchung ist groß, sein Umfeld anhand der einzelnen Stile einzusortieren: Der Chef ist sicher ein Psychopath, die seltsame Nachbarin natürlich eine Narzisstin und die lebenslustige Kollegin eine dramatische Persönlichkeit. Das Entschlüsseln der Menschen und ihrer persönlichen Stile ist nichts, das wir quasi en passant durchführen können. Niemand von uns mag es, wenn ihn andere vorverurteilen. Doch genau das machen wir, wenn wir anhand des Gelesenen vorschnell unsere Freunde, unsere Kollegen und auch unsere Familie in Schubladen stecken.

Möchten wir Persönlichkeitsstile entschlüsseln, dann ist es wichtig, dass wir uns Zeit nehmen. In meiner beruflichen Entwicklung habe ich viele Jahre Praxiserfahrung als Kriminalpsychologe benötigt, um zum Beispiel gewisse Muster zu erkennen, wenn mein Gegenüber mir möglicherweise nicht die Wahrheit sagt.

Und dann sind da noch wir selbst und unser ureigener, durch unseren Persönlichkeitsstil geprägter Blick auf die Welt, der nicht zuletzt das Bild formt, das wir von anderen haben. Nur sind wir zunächst aber häufig gar nicht in der Lage, diesen unseren Stil zu erkennen oder ihn so zu beurteilen, dass wir in der Folge mit unserem Weltbild anders umgehen.

Und wenn wir wieder zurückgehen auf die Persönlichkeitsstile der anderen, dann ist außerdem immer wieder zu beachten, dass manche Stile sehr offensichtlich erscheinen, andere wiederum kaum wahrnehmbar sind oder sich erst nach sehr genauer Analyse entdecken lassen.

Gehen wir wirklich verantwortlich mit dem Wissen und dem Wunsch nach dem Entschlüsseln anderer Menschen um, eröffnet uns dies interessante Einblicke und neue Perspektiven. Es erlaubt uns, Zusammenhänge herzustellen, die sich uns sonst kaum erschlossen hätten. Denn Beurteilen bedeutet ja nicht ausschließlich Verurteilen, sondern es steht vor allem für das Verstehen. Wenn wir verstehen, warum ein Bekannter sich in der Öffentlichkeit regelmäßig mit sehr auffälligem Verhalten und damit also einer gewissen Dramatik darstellt, rollen wir wahrscheinlich nicht mehr verständnislos mit den Augen oder schütteln den Kopf. Es wird für uns plötzlich nachvollziehbar, warum dieser Mensch so handelt und so ist. Wenn wir andererseits akzeptieren, dass wir etwa einen psychopathischen Vorgesetzten nicht ändern können, eröffnet uns dies neue Blickwinkel und damit neue Chancen. Denn erkennen wir das, können wir uns darauf einstellen – möglicherweise indem wir uns sagen, dass genau dieser Arbeitsplatz uns vermutlich nie die Zukunft oder die Karrierechancen bieten wird, die wir uns erhofft haben. Es brächte uns also nichts, dort zu bleiben und still zu leiden. Wir haben durch die Analyse der Situation vielmehr für uns selbst die Erkenntnis geschaffen, dass wir uns neu orientieren können und wahrscheinlich auch sollten.

Andererseits eröffnet das Erkennen der Persönlichkeiten neue Chancen und Möglichkeiten der Nähe zu anderen Menschen. Ar-

Fazit

beiten wir etwa mit einem Kollegen, der auf uns immer ein wenig misstrauisch und abweisend wirkte, dann sehen wir ihn mit anderen Augen, wenn wir mit dem wachsamen Persönlichkeitsstil vertraut sind. Durch dieses Wissen sehen wir in dem misstrauisch wirkenden Menschen jemanden, der letztendlich vielleicht der treueste und beste Freund in unserem Leben werden könnte – wenn wir uns denn Mühe geben und dem Gegenüber die Zeit lassen, Vertrauen zu fassen.

Je intensiver wir uns mit den Persönlichkeitsstilen befassen, desto spannender wird die Thematik. Wir werden immer wieder neue Facetten an anderen Menschen entdecken und entschlüsseln können. Unser Leben wird auf diese Weise bereichert, und bei manchem wird daraus vielleicht sogar eine Leidenschaft erwachsen, sich in andere Menschen einzufühlen.

Quellen

Kriminalpsychologie: Die Frage nach der Motivation des Menschen

Zu Fallanalyse und Täterprofilerstellung

Dern, H. (2014): § 84 Operative Fallanalyse. In: G. Widmaier, E. Müller & R. Schlothauer (Hrsg.): *Münchener Anwaltshandbuch Strafverteidigung*, 2., überarbeitete und erweiterte Auflage. München, Verlag C.H. Beck, 2788 - 2811.
Dieser Buchbeitrag beschreibt den aktuellen Stand der fallanalytischen Methodik.

Hoffmann, J. & Musolff, C. (2000): *Fallanalyse und Täterprofil*. Wiesbaden: BKA-Forschungsreihe.

Musolff, C. & Hoffmann, J. (Hrsg./2006): *Täterprofile bei Gewaltverbrechen. Mythos, Theorie, forensische Anwendung und Ermittlungspraxis*, 2. Auflage. Heidelberg: Springer.
Beide Bücher von Musolff und Hoffmann geben einen Überblick über die Geschichte und die unterschiedlichen Ansätze der operativen Fallanalyse und des Profiling, wobei auch auf den Fall Peter Kürten aus kriminalpsychologischer Sicht eingegangen wird.

Zur frühen Geschichte der Kriminalpsychologie

Berg, K. (2004): *Der Sadist. Der Fall Peter Kürten*. München: belleville.

Krafft-Ebing, Richard von (1912): *Psychopathia Sexualis*. Stuttgart: Verlag von Ferdinand Enke.

Zur Methodik des Distant oder Indirect Profiling

Carter, J. (1983): *Keeping Faith. Memoirs of a President*. New York: Bantam.

Langner, W. C. (1943): *A Psychological Analysis of Adolph Hitler His Life and Legend*. Washington, D.C.: Office of Strategic Services.

Meloy, J. R. (2004): Indirect personality assessment of the violent true believer. *Journal of Personality Assessment*, 82(2), 138 - 146.

Post, J. (1979): Personality Profiles in Support of the Camp David Summit. *Studies in Intelligence*, 2, 1 - 5.

Post, J. (Hrsg./2003): *The Psychological Assessment of Political Leaders*. Ann Arbor: University of Michigan Press.

von Groote, E. & Hoffmann, J. (2006): Distant Profiling. In: Michaeli, R. (Hrsg.): *Competitive Intelligence*. Heidelberg, Springer, 346 – 354.

Psychologische Handschrift & Modus Operandi

Douglas, J. & Douglas, L. (2013): Criminal Investigative Concepts in Crime Scene Analysis. In: Douglas, J. et al. (Hrsg.) *Crime Classification Manual*. Third Edition, John Wiley & Sons, 21 – 38.

Internetquellen

Friedensnobelpreis wird Sadat und Begin zugesprochen, Westdeutscher Rundfunk, o. V.: http://www1.wdr.de/themen/archiv/stichtag/stichtag7856.html.

Serienmörder Peter Kürten, Spiegel Online, von Peter Maxwill: http://www.spiegel.de/einestages/serienmoerder-peter-kuerten-der-vampir-von-duesseldorf-a-951126.html.

Persönlichkeitsstile: Was Persönlichkeit ist

Zu den Persönlichkeitsstilen

Bei der Beschreibung der unterschiedlichen Persönlichkeitsstile greife ich im Verlauf dieses Buches immer wieder auch auf folgende Werke zurück:

Lelord, F. & André, C. (2009): *Der ganz normale Wahnsinn. Vom Umgang mit schwierigen Persönlichkeiten*. Berlin: Aufbau Verlag.

Millon, T. & Davis, R. (1996): *Disorders of Personality*. Chichester: Wiley.

Oldham, J. & Morris, L. (1995): *The New Personality Self Portrait*. Second Edition. New York: Bantam.

Zur Bindungstheorie

Bowlby, J. (1982): *Attachment and Loss*, Vol. I-III. London: Pimlico.

Zur Biografie Gerhard Schröders

Schröder, Gerhard (2007): *Entscheidungen. Mein Leben in der Politik*. Berlin: Ullstein.

Zur Psychopathie aus evolutionspsychologischer Sicht

Meloy, J. R. & Meloy, M. J. (2003): Autonomic arousal in the presence of psychopathy: A survey of mental health and criminal justice professionals. *Journal of Threat Assessment*, 2, 21 – 34.

Quellen

Freud, Siegmund (1914/1975): Zur Einführung des Narzissmus. In: Studienausgabe: Bd. III: *Psychologie des Unbewußten*. Frankfurt/Main: S. Fischer Verlag.

Profiling: Weit mehr als Täterprofile

Dern, Christa (2009): *Autorenerkennung. Theorie und Praxis der linguistischen Tatschreibenanalyse*. Stuttgart: Boorberg.

Gosling, S. (2008): *Snoop*. New York: Basic Books.

Vick, J. & Dern, H. (2011): *Wie kann ich Profiler werden?*, Wiesbaden: Bundeskriminalamt.

Narzissmus: Ich bin ein Star

Kernberg, O. & Hartmann, H. (Hrsg./2010): *Narzissmus*. Stuttgart: Schattauer.

Ronningstam, E. F. (2005): *Identifying and Understanding the Narcissistic Personality*. New York: Oxford University Press.

Internetquellen
Wir waren die Asozialen, Frankfurter Allgemeine, Volker Zastrow: http://www.faz.net/aktuell/politik/gerhard-schroeder-wir-waren-die-asozialen-1193698.html.

Scheune, Plumpsklo, Steckrübenpampe, Stern, Andreas Hoidn-Borchers und Lorenz Wolf-Doettinchem: http://www.stern.de/politik/deutschland/gerhard-schroeder-scheune-plumpsklo-steckruebenpampe-533285.html.

Herr, äh, Bundesschröder..., Spiegel Online, Sebastian Kohlmann: http://www.spiegel.de/einestages/elefantenrunde-2005-a-949832.html.

Elefantenrunde 2005, YouTube, Das Erste: https://www.youtube.com/watch?v=SdkuQNvuJgs.

Integrität: Was uns Grenzen überschreiten lässt

Zur Integritätsforschung
Gruys, M. L. & Sackett, P. R. (2003): Investigating the Dimensionality of Counterproductive Work Behaviour. *International Journal of Selection and Assessment*, 11, 1, 30 – 42.

Hoffmann, J., Mokros, A. & Wilmer, R. (2006): Dimensionen der Devianz. *Polizei & Wissenschaft*, 1, 59 – 64.

Marcus, B. (2000): *Kontraproduktives Verhalten im Betrieb*. Göttingen: Hogrefe. *Bis heute das umfangreichste deutschsprachige Werk zum Thema Integrität.*

Ones, D. S., Viswesvaran, C. & Schmidt, F. L. (1993): Comprehensive Meta-Analysis of Integrity Test Validities. *Journal of Applied Psychology*, 78 (4), 679 – 703.

Roth, M. & Hammelstein, P. (Hrsg./2003): *Sensation Seeking – Konzeption, Diagnostik und Anwendung*. Göttingen: Hogrefe.

Zu Peter Hartz

Hartz, P. (2007): *Macht und Ohnmacht*. Hamburg: Hoffmann und Campe.

Informationen zum Testverfahren PIT Persönlichkeitsinventar
http://www.pit-test.com

Internetquellen

Aufgeplustert bis in die Fußnoten, Zeit Online, Hermann Horstkotte: http://www.zeit.de/studium/hochschule/2011-03/guttenberg-fussnoten.

Staatsanwaltschaft ermittelt gegen Guttenberg, Zeit Online, DPA/Reuters: http://www.zeit.de/politik/deutschland/2011-03/guttenberg-staatsanwaltschaft-ermittlung.

Truppenbesuch in Afghanistan, Spiegel Online, Matthias Gebauer: http://www.spiegel.de/politik/ausland/truppenbesuch-in-afghanistan-viel-guttenberg-glamour-und-eine-prise-wahrheit-a-734442.html.

Die Guttenberg-Show in Afghanistan, YouTube, ZAPP: https://www.youtube.com/watch?v=5TeA-FMw3bA.

Zank um Peter Hartz, Spiegel Online, o.V.: http://www.spiegel.de/wirtschaft/vw-korruptionsaffaere-zank-um-peter-hartz-a-363674.html.

Käferstündchen bei VW, Zeit Online, Redaktion: http://www.zeit.de/2005/27/VW-Skandal.

Middelhoff rechtfertigt umstrittene Flüge mit Stau, Spiegel Online, fdi/dpa: http://www.spiegel.de/wirtschaft/middelhoff-begruendet-fluege-als-arcandor-chef-mit-stau-a-972954.html.

Middelhoff fühlt sich nach Fenstersprung als Sieger, Welt Online, Michael Gassmann: http://www.welt.de/wirtschaft/article130642603/Middelhoff-fuehlt-sich-nach-Fenstersprung-als-Sieger.html.

Psychopathie: Gefühlskälte und Dominanz

Babiak, P. & Hare, R. D. (2006): *Snakes in suits: When psychopaths go to work*. New York: Harper/Collins.

Cleckley, H. (1988): *The Mask of Sanity*. Fifth Edition. http://www.cassiopaea.org/cass/sanity_1.PdF.

Quellen

Cooke, D. (2007): Psychopathy Across Cultures. In: Cooke, D., Forth, A. & Hare, R. (Hrsg.) *Psychopathy*. New York: Springer, 13 – 45.

In diesem Beitrag wird auf das Konzept einzelner Eskimo-Stämme bezüglich Psychopathy kurz eingegangen.

Hare, B. (2005): *Gewissenlos. Die Psychopathen unter uns*. Wien: Springer.

Immelman, A. (1999): *The Political Personality of George W. Bush*. Brief Research Report. USPP.

Lykken, D. (2007): Psychopathic Personality. The Scope of the Problem. In: Patrick, C. (Hrsg.) *Handbook of Psychopathy*. New York: Guildford Press, 3 – 13.

In diesem Beitrag beschreibt Lykken, inwiefern Oskar Schindler psychopathische Persönlichkeitszüge besaß.

Meloy, J. R. & Shiva, A. (2007): A psychoanalytic view of the psychopath. In: A. Felthous & H. Sass (Hrsg.), *International handbook on psychopathic disorders and the law*. New York: Wiley, 335 – 346.

Die Fallstudie des psychopathischen Betrügers, der sein Opfer demütigte, stammte aus dem Dokumentationsfilm Die Hochstapler *(2008).*

Internetquellen

Oskar Schindler, Judentum-Projekt, Katja Niekrawietz: http://www.judentum-projekt.de/geschichte/nsverfolgung/rettung/schindler2.html.

Oskar Schindler, Held mit Licht und Schatten, Die Welt, Uwe Wittstock: http://www.welt.de/welt_print/article1932937/Oskar-Schindler-Held-mit-Licht-und-Schatten.html.

Seelenfänger Italiens?, SWR2, Aureliana Sorrento: http://www.swr.de/swr2/wissen/berlusconi-seelenfaenger-italiens/-/id=661224/nid=661224/did=11558198/1ntxi3e/.

Manipulation erkennen: Die Beeinflussung des Menschen

Zu Manipulation und Beeinflussung

Cialdini, Robert (2006): *Influence. The Psychology of Persuasion*. New York: HarperBusiness.

Seal, M. (2011): *Der Mann der Rockefeller war*. München: btb.

Zimbardo, P. (2012): *Der Luzifer-Effekt*. Heidelberg: Spektrum.

Zu Prominentenstalking

Hoffmann, J. (2005). *Stalking*. Heidelberg: Springer.

Meloy J.R., Sheridan L. & Hoffmann, J. (Hrsg./2008): *Stalking, Threatening, and Attacking Public Figures: A Psychological and Behavioral Analysis*. New York: Oxford University Press.

Internetquellen

Das skrupellose Instrument seines Herrn, Süddeutsche Online, Hans Holzhaider: http://www.sueddeutsche.de/panorama/fall-klatten-helg-sgarbi-das-skrupellose-instrument-seines-herrn-1.397129.

Erpresser von Multimilliardärin Klatten wieder frei, Spiegel Online, o.V.: http://www.spiegel.de/panorama/gigolo-erpresser-von-susanne-klatten-helg-sgarbi-wieder-frei-a-980746.html.

Ein Gigolo bedauert zutiefst, Zeit Online, Georg Etscheit: http://www.zeit.de/online/2009/11/klatten-prozess-urteil.

Hochstapler narrt Düsseldorf, n-tv, Frank Christiansen/dpa: http://www.n-tv.de/politik/dossier/Hochstapler-narrt-Duesseldorf-article161495.html.

Falscher Fürst auf freiem Fuß, Sächsische Zeitung, dpa: http://www.sz-online.de/nachrichten/falscher-fuerst-auf-freiem-fuss-bewaehrungsstrafe-fuer-hochstapler-1330250.html.

Gert Postel: »Das kann auch eine dressierte Ziege«, Focus Online, Stefanie Reiffert und Christina Steinlein: http://www.focus.de/wissen/mensch/psychologie/tid-15095/falsche-aerzte-gert-postel-das-kann-auch-eine-dressierte-ziege_aid_423648.html.

Milgram-Experiment, Der Tagesspiegel, AFP: http://www.tagesspiegel.de/weltspiegel/milgram-experiment-stromschlaege-nicht-aus-gehorsam-sondern-aus-ueberzeugung-verteilt/10676642.html.

Gehorsam kann tödlich sein, YouTube, BBC Exclusive/RTL Crime: https://www.youtube.com/watch?v=98iK532OZgg.

Die dramatische Persönlichkeit: Aufmerksamkeit ist alles

Bernstein, J. (2012): *Emotional Vampires*. New York: McGraw-Hill.
Bernstein schreibt hier auch über männliche dramatische Persönlichkeiten und weshalb sich unter Wrestlern viele Menschen mit einer solchen Charakterstruktur finden.

Urbaniok, F. (2007): *Fotres*. Oberhofen: Zytglogge.
In seinem Buch liefert Urbaniok eine knappe und präzise Beschreibung der Pseudologia-phantastica-Persönlichkeit.

Die Fallstudie des Betrügers, der sich als Diplomat ausgab, stammte aus dem Dokumentationsfilm *Die Hochstapler* (2008).

Quellen

Internetquellen
Betrüger, Dieb, Pazifist – und Bestsellerautor, Focus Online, jub/dpa: http://www.focus.de/kultur/buecher/tid-25367/zum-100-todestag-von-karl-may-betrueger-diebpazifist-und-bestsellerautor_aid_728597.html.

Der Hochstapler als Literat, Deutschlandradio Kultur, Günther Wessel: http://www.deutschlandradiokultur.de/der-hochstapler-als-literat.932.de.html?dram:article_id=131490.

https://de.wikipedia.org/wiki/Karl_May.

Drama Mensch May, WDR5, o.V.: http://www.wdr.de/radio/wdr5/orientzyklus/mythos/3_drama.phtml.

Psychologie des Betrügers: Stufen einer Pyramide

Hoffmann, J. (2011): Psychologie von Betrügern. *Pay*, 1, 14 – 17.

Internetquellen
Bohlen hat in seinen Koffer gebissen, Manager Magazin Online, o.V.: http://www.manager-magazin.de/unternehmen/karriere/a-239546.html.

Der Preis für den Luxus war Angst, Hamburger Morgenpost, o.V.: http://www.mopo.de/news/millionen-betrueger-juergen-harksen--der-preis-fuer-den-luxus-war-angst-,5066732,5237076.html.

Zwei Egos in XXL, Spiegel Online, Markus Brauck, Isabell Hülsen, Martin U. Müller: http://www.spiegel.de/spiegel/print/d-64082640.html.

Die wachsame Persönlichkeit: Sicherheit durch Kontrolle

David Shapiro (1984): *Autonomy and Rigid Character*. New York: Basic Books. *In dem Buch wird aus psychodynamischer Sicht dargestellt, weshalb wachsame und paranoide Charaktere plötzlich ein Sicherheitsgefühl haben, wenn sie denken, jemand anderen bei einem Fehlverhalten entdeckt zu haben.*

Internetquellen
60 Fakten zu 60 Jahre Angela Merkel, BZ-Berlin, o.V.: http://www.bz-berlin.de/deutschland/60-fakten-zu-60-jahren-angela-merkel.

Angela Merkel ist nicht zu fassen, Der Tagesspiegel, Christian Tretbar: http://www.tagesspiegel.de/politik/hoehler-schlarmann-und-co-angela-merkel-ist-nicht-zu-fassen/7047562.html.

Angela Merkel ganz privat, Handelsblatt Online, Maike Freund: http://www.handelsblatt.com/politik/deutschland/prominente-fragen-die-kanzlerin-angela-merkel-ganz-privat/6986688.html.

Das private Portrait einer nicht privaten Frau, Brigitte, Franziska Wolffheim: http://www.brigitte.de/frauen/politik/angela-merkel-portraet-1031359/.

Die querulatorische Persönlichkeit: Aus Wut am Scheitern

Zu Querulanz

Dietrich, H. (1973): *Querulanten*. Stuttgart: Ferdinand Enke.

Lester, G., Wilson, B., Griffin, L. & Mullen, P. E. (2004): Unusually persistent complainants. *British Journal of Psychiatry*, 184, 352 - 356.

Mullen, P. (2009): Querulous behaviour: vexatious litigation, abnormally persistent complaining and petitioning. In: Gelder, M.G. et al. (Hrsg.) *New Oxford Textbook of Psychiatry*. Oxford, Oxford University Press, 1977 - 1980.

Entwicklungspsychologische Aspekte

Erikson: E.H. (1973): *Identität und Lebenszyklus*. Frankfurt/Main: Suhrkamp.

In diesen klassischen Texten beschreibt Erikson typische Entwicklungskrisen im Lebenszyklus, deren Scheitern ein Auslösefaktor für die querulatorische Dynamik sein kann.

Literarische Verarbeitung

Kleist, H.V. (2013): *Michael Kohlhaas*. Berlin: Insel Verlag.

Internetquellen

Querulanten sollen zahlen, n-tv, o.V.: http://www.n-tv.de/politik/Querulanten-sollen-zahlen-article4097086.html.

Der Querulant und sein ganz normaler Wahnsinn, Die Welt, Lajos Schöne: http://www.welt.de/gesundheit/psychologie/article106188957/Der-Querulant-und-sein-ganz-normaler-Wahnsinn.html.

Prozesse-Dieter vor Gericht, Spiegel Online, Jörg Diehl: http://www.spiegel.de/panorama/justiz/prozesse-dieter-vor-gericht-der-rechtsausleger-a-621983.html.

Gerichtsbekannter Querulant, Lampmann Haberkamm Rosenbaum Rechtsanwälte, Evgeny Pustalov: http://www.lhr-law.de/magazin/kurioses-und-interessantes/gerichtsbekannter-querulant.

Die strukturliebende Persönlichkeit: Sicherheit durch Struktur

Sachse, R. (2004). *Persönlichkeitsstörungen*. Göttingen: Hogrefe.

Quellen

Lügenerkennung: Der Heilige Gral der Kriminalpsychologie

Ekman, Paul (2010): *Gefühle lesen*. Zweite erweiterte Auflage. Heidelberg: Spektrum.

Ekman, Paul (2009): *Telling Lies*. Revised Edition. New York: Norton & Company.

Frank, Mark & Svetieva, Elena (2013): Deception. In: Matsumoto, David, Frank, Mark & Hwang, Hyi Sung (Hrsg.) *Nonverbal Communication*. Los Angeles: Sage.

Navarro, Joe (2010): *Menschen lesen*. München: mvg.

Soufan, A.H. (2011): *The Black Banners*. London: Penguin Books.

Vrij, Aldert (2008): *Detecting Lies and Deceit*. Second Edition. Chichester: Wiley.

Wiseman, R. et al. (2012):The Eyes Don't Have It. Detection and Neuro-Linguistic Programming. *Plos One*. July 2012.

Internetquellen
»Mir entgeht kein Gesichtsausdruck«, Süddeutsche Online, Paul Ekman im Interview mit Michaela Hass: http://www.sueddeutsche.de/wissen/ein-luegenexperte-im-interview-mir-entgeht-kein-gesichtsausdruck-1.471158.

Die passiv-aggressive Persönlichkeit: Der verdeckte Widerstand

Sachse, R. (2006): Persönlichkeitsstörungen verstehen. Bonn: Psychiatrie-Verlag.

Aggression: Zwischen kalter Wut und heißer Wut

Zur heißen und kalten Aggression
Kockler, T. & Meloy, J.R. (2007):The Application of Affective and Predatory Aggression to Psycholegal Opinions. In: R. C. Browne (Hrsg.). *Forensic Psychiatry Research Trends*. Nova Science Publishers, 63 - 83.

Meloy, J. R. (1997): Predatory Violence during mass murderer. *Journal of Forensic Science*, 42, 326 - 329.

Meloy, J. R. (2006):The Empirical Basis and Forensic Application of Affective and Predatory violence. *Australian and New Zealand Journal of Psychiatry*, 40, 539 - 547.

Zum Bedrohungsmanagement
Meloy, J.R. & Hoffmann, J. (Hrsg./2014): *International Handbook of Threat Assessment*. New York: Oxford University Press.

Hoffmann, J. & Roshdi, K. (Hrsg./2015): *Amok und andere Formen schwerer Gewalt*. Stuttgart: Schattauer.

Zum Amoklauf in Columbine
Cullen, D. (2007): *Columbine*. New York: Twelve.

Robertz, F. & Wickenhäuser, R. (Hrsg./2010): *Der Riss in der Tafel*. 2. Auflage. Heidelberg, Springer.

Zum Amoklauf in Norwegen
Meloy, J. R., Hoffmann, J., Roshdi, K., Glaz-Ocik, J. & Guldimann, A. (2014): Warning Behaviors and Their Configurations Across Various Domains of Targeted Violence. In: J. R. Meloy & J. Hoffmann (Hrsg.). *International Handbook of Threat Assessment*. New York: Oxford University Press.

Online-Artikel zum Thema Selbstbehauptung
Lampert, C. (2010): *The Psyche on Automatic extra space Amy Cuddy probes snap judgments, warm feelings, and how to become an »alpha dog«*. Harvard Magazine. http://harvardmagazine.com/2010/11/the-psyche-on-automatic.

Wolf, D.: »Gefahren der intensiven Nutzung von Smartphones«. https://www.palverlag.de/gesundheitsrisiken-smartphone.html.

Der Bosstyp: Die Dominanz des Rudelführers

Internetquellen
Eskalation gründet in Putins Persönlichkeit, Die Welt, Sven Felix Kellerhoff: http://www.welt.de/debatte/kommentare/article131078969/Die-Eskalation-gruendet-in-Putins-Persoenlichkeit.html.

Der Partisan, Zeit Online, Adam Soboczynski: http://www.zeit.de/2014/13/wladimir-putin-psyche-autobiografie.

Skandalbuch über Putin, Spiegel Online, Matthias Schepp: http://www.spiegel.de/politik/ausland/russland-skandalbuch-ueber-putin-a-936715.html.

Böse Chefs: Der Aufstieg von Psychopathen in Führungsetagen

Babiak, P. & Hare, R.D. (2006): *Snakes in suits: When Psychopaths Go to Work*. New York: Harper/Collins.

Babiak, Paul (2007): From Darkness Into the Light: Psychopathy in Industrial and Organizational Psychology. In: Hervé, Hugues & Yuilee, John (Hrsg.). *The Psychopath. Theory, Research, and Practise*. Mahwah: Lawrence Erlbaum, 411 - 428.

Quellen

Babiak, P., Neumann, C.S. & Hare, R.D. (2010): Corporate Psychopathy: Talking the Walk. *Behavioral Sciences and the Law*, 28, 174 - 193.
In dieser Studie untersuchten die Autoren, wie oft und mit Hilfe welcher psychologischer Mechanismen Psychopathen in Unternehmen eintreten und aufsteigen.

Gimso, C. (2014): *Narcissus and Leadership Potential.* Series of Dissertations. BI Norwegian Business School.

Noll, T. & Scherrer, P. (2011): *Professionelle Trader in einer Gefangenendilemma Situation.* St. Gallen: Universität St. Gallen.

Internetquellen

»Auffällig viele Psychopathen werden Chefs«, Zeit Online, Ein Interview von Tina Groll mit Jens Hoffmann: http://www.zeit.de/karriere/beruf/2014-05/psychopathen-interview-psychologe-jens-hoffmann.

Destruktive Dynamik im Handelsraum, Neue Züricher Zeitung Online, Markus Städeli: http://www.nzz.ch/aktuell/startseite/destruktive-dynamik-im-handelsraum-1.12641170.

Die anhängliche Persönlichkeit – Schwäche mit Stärken

Bornstein, R. & Languirand, L. (2003): *Healthy Dependency.* New York: William Morrow.

Brinkbäumer, K. et al.: »Ich verbrenne von innen.« *Der Spiegel*, 28, 2001, 70 - 81.

Danksagung

Mein großer Dank geht zunächst an Heiko Haupt vom Büro für klare Worte, ohne den dieses Buch sicherlich nicht entstanden wäre. In mehrtägigen Interviewsessions zeichnete er die Inhalte meiner Arbeit auf und brachte sie dann in Schrift und Form. Zudem grub er in Hintergrundrecherchen weitere Details und Aspekte aus, die dieses Buch bereichern.

Meine Frau Monika Hoffmann begleitete diesen Text von Anfang bis Ende mit inhaltlichem Input und vielen anderen Anregungen und Überarbeitungen.

Birgit Sander vom mvg Verlag war eine immer unterstützende und motivierende Ansprechpartnerin, ebenso Antje Steinhäuser als Lektorin.

No man is an island. Wissenschaft und kriminalpsychologische Praxis sind immer das Ergebnis von Austausch, Kooperation und wechselseitiger Inspiration. Die Themen dieses Buches sind auch beeinflusst von Kolleginnen und Kollegen, mit denen ich in den vergangenen 20 Jahren zusammenarbeiten durfte und denen mein Dank gilt.

Über den Autor

Dr. Jens Hoffmann ist Kriminalpsychologe und ein international anerkannter Experte auf den Gebieten Ermittlungspsychologie, Risikoeinschätzung und Betrugsprävention. Er war mehrere Jahre an der Technischen Universität Darmstadt tätig. Zudem erhielt er Lehraufträge an fünf weiteren Hochschulen in Deutschland und der Schweiz.

Dr. Hoffmann ist Leiter des Instituts Psychologie und Bedrohungsmanagement (I:P:Bm), welches Fortbildungsveranstaltungen und Konferenzen ausrichtet. Das Institut ist auch in nationale und internationale staatlich geförderte Forschungsprojekte eingebunden.

In Deutschland, Österreich und der Schweiz hat er das psychologische Bedrohungsmanagement für Unternehmen und Hochschulen erstmalig eingeführt und dabei entsprechend Organisationen bei diesen Prozessen beraten und geschult.

Zudem ist Dr. Hoffmann Gesellschafter der Firma Team Psychologie & Sicherheit, welche Unternehmen, Behörden und Personen des öffentlichen Lebens berät und weltweit in der Fallarbeit tätig ist.

Er veröffentlichte zahlreiche Arbeiten in renommierten Fachjournalen sowie mehrere Buchpublikationen, darunter der Band *Fallanalyse und Täterprofil* (2000), welcher in der wissenschaftlichen Reihe des BKA erschienen ist.

Links:
- Institut Psychologie und Bedrohungsmanagement: www.i-p-bm.com
- Team Psychologie & Sicherheit: www.t-p-s.net
- www.facebook.com/bedrohungsmanagement

272 Seiten
16,95 € (D) | 17,50 € (A)
ISBN 978-3-86882-213-7

Joe Navarro
Menschen lesen
Ein FBI-Agent erklärt,
wie man Körpersprache
entschlüsselt

Ein solches Buch über Körpersprache hat es noch nie gegeben: geschrieben von einem FBI-Agenten, dessen Aufgabe es 25 Jahre lang war, Spione, Mörder und Verbrecher anhand ihrer Körpersprache zu entlarven. Der international anerkannte Experte Joe Navarro erklärt exakt, wie man sein Gegenüber durchschaut und souverän Körperhaltung und Mimik entlarvt, die in die Irre führen sollen. Von Kopf bis Fuß werden Gesten, Haltung und Mimik unter die Lupe genommen und nach dem neuesten Stand der Forschung analysiert.

272 Seiten
16,99 € (D) | 17,50 € (A)
ISBN 978-3-86882-239-7

Joe Navarro
Menschen verstehen und lenken
Ein FBI-Agent erklärt, wie man Körpersprache für den persönlichen Erfolg nutzt

Wüssten wir nicht alle gerne, was andere Menschen wirklich denken, fühlen oder planen? Wie wir sie zu etwas überreden oder beeinflussen können? Menschen kommunizieren ständig nonverbal: durch Körpersprache und Gesichtsausdrücke, Tonlage und Aussprache, aber auch durch die bewussten und unbewussten Verhaltensweisen. In diesem Buch zeigt uns der Bestsellerautor und Körperspracheexperte Joe Navarro, wie wir diese universelle Sprache verstehen und anwenden können. Denn wer diesen Code kennt, wird sowohl beruflich als auch privat seine Ziele leichter erreichen und erfolgreicher sein.

Wenn Sie **Interesse** an **unseren Büchern** haben,

z. B. als Geschenk für Ihre Kundenbindungsprojekte, fordern Sie unsere attraktiven Sonderkonditionen an.

Weitere Informationen erhalten Sie von unserem Vertriebsteam unter +49 89 651285-154

oder schreiben Sie uns per E-Mail an: vertrieb@mvg-verlag.de